"十二五"国家重点图书出版规划项目

交通运输发展及理论经典译丛

中国绿色货运制度与政策框架研究报告

著译 亚洲清洁空气中心

中国财富出版社

图书在版编目（CIP）数据

中国绿色货运制度与政策框架研究报告/亚洲清洁空气中心著译．—北京：中国财富出版社，2016.8

（交通运输发展及理论经典译丛）

“十二五”国家重点图书出版规划项目

ISBN 978-7-5047-6154-5

Ⅰ.①中… Ⅱ.①亚… Ⅲ.①货物运输—运输政策—研究报告—中国 Ⅳ.①F512.0

中国版本图书馆 CIP 数据核字（2016）第 117791 号

策划编辑 王淑珍　　责任编辑 王淑珍
责任印制 方朋远　　责任校对 梁　凡　　责任发行 敬　东

出版发行 中国财富出版社
社　　址 北京市丰台区南四环西路 188 号 5 区 20 楼　　邮政编码 100070
电　　话 010-52227568（发行部）　　010-52227588 转 307（总编室）
　　　　 010-68589540（读者服务部）　　010-52227588 转 305（质检部）
网　　址 http://www.cfpress.com.cn
经　　销 新华书店
印　　刷 北京九州迅驰传媒文化有限公司
书　　号 ISBN 978-7-5047-6154-5/F·2598
开　　本 787mm×1092mm 1/16　　版　　次 2016 年 8 月第 1 版
印　　张 6.5　　印　　次 2016 年 8 月第 1 次印刷
字　　数 100 千字　　定　　价 28.00 元

2013 年，中国绿色货运制度与政策框架研究报告/亚洲清洁空气中心和世界银行。

免责声明

此报告所述观点出自亚洲清洁空气中心员工、顾问及管理层，并不反映亚洲清洁空气中心理事会、世界银行的观点。亚洲清洁空气中心和世界银行并不保证报告所含数据正确无误，对使用数据所带来的后果概不负责。

鸣谢

本报告于 2013 年 6 月完成，由亚洲清洁空气中心付璐（中国区总监）、Sophie Punte（执行总监）和 Sudhir Gota（交通技术经理 ）撰写，下列国际专家为报告的撰写做出了贡献：

· Laetitia Dablanc，东巴黎（联合）大学，法国交通运输、发展与网络科技研究所，研究主任

· Anne Goodchild，华盛顿大学，副教授

· Alan McKinnon，德国 Kühne 物流大学，教授、物流处长、系主任

本报告中文版由亚洲清洁空气中心付璐、万薇（空气质量专员）、张伟豪（环境研究专员）完成。

报告获得了世界银行的资金支持，在此表示衷心感谢。

联系我们

亚洲清洁空气中心 Unit 3505 Robinsons Equitable Tower ADB Avenue, Pasig City, 1605 Philippines 电话：+632 631 1042 传真：+632 631 1390 center@cleanairasia.org	亚洲清洁空气中心中国办公室 中国北京市朝阳区秀水街1号建国门外交公寓11—152 邮编：100600 电话/传真：+86108528 8381 china@cleanairasia.org	亚洲清洁空气中心印度办公室 1st Floor, Building No.4 Thyagraj Nagar Market Lodhi Colony, 110003, India 电话/传真：+91 11 40601234 india@cleanairasia.org	国家网络 中国，印度，印度尼西亚，尼泊尔，巴基斯坦，菲律宾，斯里兰卡，越南

关于亚洲清洁空气中心（www.cleanairasia.org）

亚洲清洁空气中心的宗旨是，通过将知识转化为政策和行动，减少由交通运输、能源和其他行业产生的空气污染和温室气体排放量，从而改善空气质量、打造宜居城市。

亚洲清洁空气中心由亚洲开发银行、世界银行和美国国际发展署于2001年共同创办，为亚洲空气质量管理的领先机构，2007年开始，成为独立的非营利机构。中心在马尼拉、北京和德里设有办公室，网络遍布亚洲八个国家（中国、印度、印度尼西亚、尼泊尔、巴基斯坦、菲律宾、斯里兰卡以及越南），是联合国第二类伙伴关系机构，在亚洲乃至全球拥有250多个合作伙伴。

亚洲清洁空气中心运用知识和合作伙伴关系，帮助亚洲1000多座城市和国家政府了解问题所在，制定有效的政策措施。我们的四大项目是：空气质量与气候变化，低排放城市发展，清洁燃油与车辆，以及绿色货运与物流。

“更好的空气质量”（Better Air Quality，BAQ）是亚洲空气质量及气候变化方面最大的盛会，由亚洲清洁空气中心组织，每两年一届，吸引专家、政策制定者和决策者齐聚一堂，互相学习、分享经验。www.citiesACT.org是亚洲空气质量、气候、能源以及交通运输方面的在线数据库。

序　言

随着市场和供应链全球化的不断深化，国家之间、各洲之间的货运往来愈发繁忙，货运行业已成为世界各国经济发展中至关重要的一环。因而，货运行业也给环境和社会带来巨大影响，包括燃料使用情况、二氧化碳排放、空气污染、安全、作业环境等方方面面；包括中国在内的许多国家货运行业效率低下，这将成为经济可持续发展的瓶颈。

应对这些挑战需要发展“绿色货运”，在道路、铁路、水运和航空运输领域采取一系列的措施，旨在提高能源效率，降低对化石燃料的依赖，改善空气质量，并最大限度减少二氧化碳排放和缓解气候变化，同时维持竞争力和经济增长。

本书旨在通过分析中国当前与绿色货运相关的政府部门机构设置和政策，识别出中国现有政策框架与国际上的成功经验与最佳实践之间的差距，并基于此提出中国绿色货运的进一步发展的建议。研究方法包括：信息与资料搜集、专家访谈、主要利益相关者意见征询、中国近年来的绿色货运进展评估，并邀请了货运和物流领域的国际专家对内容进行审阅。本研究对道路货运给予更多关注，因为相较于铁路、水运、海运及航空等运输方式，道路运输效率更低，且燃油使用占比和污染排放量更高。

本书着眼于以下三方面的内容：

（1）中国铁路、公路、水运及航空四大货运模式相关的机构设置、总体政策和规划概览；

（2）货车、货运物流、多式联运政策分析，政策及制度挑战，与国际经验相比存在的差距；

（3）提出研究结论及促进中国绿色货运发展的短期和长期建议。

一、主要研究结论

结论一：亟须提升中国货运，特别是道路货运的效率，降低其对社会和环境产生的负面影响。

2008—2012年，中国货运量及周转量（FTK）分别增长了11.1%和9.4%，均高于GDP的增幅（9.3%）。虽然水运占货运周转量的比例（46.6%）高于道路运输（34.7%），但道路运输效率更为低下，影响也最为显著。中国有3000余种的货车车型。2011年，货车数量已有约1100万辆，分属于约70万个道路货运企业和650万个体经营户，平均每个道路货运运营商仅有1.6辆货车，货车数量超过50辆的运营商仅占2.9%。2011年，在道路运输污染物排放总量中，货车的一氧化碳排放占比36.8%，碳氢化合物占比41.2%，氮氧化物占比59.8%，颗粒物占比76.3%。据报道，超过40%的货车在城际运输过程中存在空载问题，平均装卸时间长达72小时。

结论二：可在中国尝试的有效策略包括：提升卡车和船舶本身的技术与管理水平（改善），优化货运物流系统（避免），以及由单一道路运输转向多式联运、铁路、内河航道和其他交通运输模式（转变）。

（1）"改善"策略——通过技术和管理手段提高车辆和船舶的能源效率。与卡车相关的节能减排技术包括轮胎轮毂、空气动力学设备、减少怠速的技术、尾气排放控制技术、燃料与原油以及发动机和车辆技术等。对于海运和内河船舶，关键的策略包括使用低硫燃油、排放控制器件、为靠岸船舶提供岸电等。对于空运，主要改进方向为使用其他燃料替代煤油。

（2）"避免"策略——主要通过物流优化来降低道路货物运输需求或缩短运输距离。为道路运输提供的物流解决方案包括使用铰接式卡车（甩挂运输），回程装载，匹配负载，搭建物流信息平台，货运公司之间联手协作以及建立货运集散中心等。类似的策略也可运用于其他的货运模式。城市及运输规划也可成为有效的“避免”策略。

(3)“转变”策略——将货运模式转向能源效率更高并/或更加环保的运输模式，特指将道路货运模式转变为多式联运、铁路、内河航道和海运货物运输。

结论三：现有规划和政策为政府机构和其他利益相关方关注绿色货运提供了明确任务和坚实的基础。

相关度最高的国家总体政策和规划是交通运输部的《交通运输“十二五”发展规划》、国家发展和改革委员会的《“十二五”综合交通运输体系规划》，以及各运输模式的具体发展计划，道路、铁路和水路交通运输环境、能源、减排规划。对于城市货运，交通运输部及其他六个部委向地方政府做出了《关于加强和改进城市配送管理工作的意见》。最为重要的是，中国已经针对四大运输模式：道路、水路、航空和铁路运输设立了能源强度和二氧化碳排放强度的目标，在道路运输方面也提出了客运和货运的子目标。为实现上述目标，政府制定了一系列政策和计划（见表），其中一些已投入试点。

中国支持道路绿色货运发展和减排的政策和规划

卡车（改善）	货运物流（避免）	多式联运及运输模式转变（转变）
·机动车燃油经济性，排放标准和燃油标准 ·燃料替代（CNG，LPG，LNG） ·燃油效率和减排技术 ·节能驾驶 ·车辆淘汰机制（强制报废、黄标车淘汰）	·甩挂运输（使用铰接式卡车） ·物流信息平台 ·改善城市配送	·发展多式联运 ·促进铁路一海运联运发展 ·促进水运

结论四：中国已经启动了一些国家和地方层面的绿色货运相关项目。

中国已经在国家和地方层面启动了一些绿色货运项目。2008 年，广州启动了一个小型的绿色卡车试点项目，随后的广东绿色货运示范项目（2011—2015 年）主要包括卡车技术、甩挂运输和物流信息平台示范三大方面。国家层面来看，中国绿色货运行动（CGFI）作为国家级项目于 2012 年 4 月发起，旨在提升燃油效率，减少道路运输的二氧化碳和空气污染物排放量。中国绿色货运行动项目的执行机构为：中国道路运输协会（CRTA）、交通运输部公路科学研究院（RIOH）以及亚洲清洁空气中心，由六个相关政府部门（交通运输部，工信部、环保部、发改委、公安部和财政部）组成的指导委员会和专家小组提供指导。行动涵盖三大部分内容，即上文所述的改善—避免—转变策略：绿色卡车技术（改善）以及绿色驾驶（改善），绿色管理（避免/转变），这些策略将通过制定标准、试点、示范和培训首先在道路运输企业中推广。

结论五：必须克服当前政策和制度障碍，实现国家的绿色货运目标。

总体来看，国家的机构设置涵盖多个部门，负责策略、规划和政策的制定。政府部门下属科学和研究机构为其政策制定提供研究支持，同时行业协会搭建政府和企业之间的桥梁。上述管理结构在省级和地方层面的机构设置中也有所体现。从2005年开始，13个政府部门和2个行业协会每年召开两次物流工作部际联席会议。

先进卡车技术的应用、管理措施的执行、物流策略以及多式联运等其他交通模式的发展掣肘于诸多制度和政策方面的不足，一定程度上影响了我国实现节能目标、降低排放强度的能力。

（1）主要的制度和政策挑战包括：

①绿色货运涉及多个相关管理部门的职责，各部门职责之间又存在相互冲突，部门间以及下属机构间的协调极为不足；

②政府当局对货运的关注度不及对客运的关注度高；

③有时缺乏有效地推行政策的配套资金，特别是在基础设施建设方面；

④支持多式联运的政策是宏观层面的，缺乏法律约束力，且缺乏具体落地措施和实施时间表。

（2）这些问题造成的影响。

①天然气供应相关的基建设施有限，不利于运输公司采用天然气作为替代燃料；

②全挂车、双拖车和汽车列车被禁止进入公路，因此推广工作受到限制；

③铰接式卡车牵引车及挂车类型的标准化对于甩挂运输的运用至关重要，但也不断推迟；

④城市化进程加快，城市货运也成为主要挑战；

⑤多式联运衔接设施的规划仍有差距，缺乏促进多式联运以及将道路运输转向其他运输模式发展的具体措施和时间表。

（3）相似的挑战对各部门下属的研究机构造成的影响包括：

①缺乏各运输模式的基础数据，不同研究机构公布的数据之间存在出入；

②由于缺乏扎实的研究，就无法制定稳妥的政策，例如，交通运输部需要强有力的研究结果来证明大型卡车在公路上不会引发道路安全问题，否则无法说服公安部支持大型卡车在中国推广；

③不同研究机构进行的研究分享不畅，导致研究空白或重复工作的问题。

结论六：国外有大量的最佳实践可供中国借鉴，助其制定政策与策略、弥补差距。

本报告所述最佳实践中与中国最为相关的是：

（1）欧洲柴油机尾气处理液（Adblue）供应和分销网络，用以满足欧四、欧五和欧六机动车污染物排放标准的执行要求，欧洲、美国和其他多个发达国家已经拥有相关网络。

（2）美国国家环境保护局 SmartWay 项目的技术认证体系，该体系涵盖大量卡车相关技术、详细具体的测试方法、推广认证技术的融资机制，并向通过技术认证的企业授予公众认可的认证标志。

（3）英国的节能驾驶计划，包括培训、电子驾驶监测系统和激励计划。

（4）由于成本过高，需考虑机动车强制报废措施的替代方案。例如西雅图港，车辆是否淘汰取决于排放测试，而非车辆使用年限。

（5）将使用铰接卡车的甩挂运输与其他措施相结合，特别是负载匹配措施（“在线货运信息分享平台”），从而减少空载的情况。

（6）国外特别是欧洲零售商为城市货运设立货运集散中心的有关实践。

（7）国外的小型货运公司如何通过结盟分享资源与优势，从而共同争取与管理金额更大、利润更高的货运合同。

（8）国外如何进行车队燃油管理，尤其是有关线路规划的实践。

（9）通过政策激励货运从道路运输转向其他模式，典型案例是欧洲采取卡车道路收费，投资铁路基建和互联网路，以及在城市货运中使用货运自行车等措施。

二、主要建议

1. 政策建议的目的

下列政策建议旨在应对现有政策和行动所面临的挑战：

（1）燃油经济性标准：加强交通运输部与工信部之间的协调，促成燃油经济性标准的政策一致性。

（2）机动车排放标准：环保部和交通运输部应调配更多资源，重视监督在用车辆标准的执行情况。

（3）卡车技术：基于美国 SmartWay 的技术认证体系，以及广东绿色货运示范项目的技术示范成果，中国绿色货运行动可以牵头编制节能减排的产品和技术目录，并制订严格的测试方法方案。

（4）机动车报废制度：第一，发起有关报废卡车处置的政策研究，防止非法处置，同时与其他绿色货运行动比较每吨减排的成本，从而了解机动车报废计划的成本效益。第二，重新评估是否使用年限作为卡车报废的标准，考虑使用排放测试结果作为替代标准。

（5）支持小型货运公司发展：建立小型货运公司的联盟，使其具备与大公司相当的市场竞争力，同时使用铰接式卡车参与甩挂运输的操作。

（6）运输路线规划：对信息化运输路线规划软件进行试点应用，同时加强激励措施，协调承运人收货、送货，降低燃油消耗。

（7）城市商品配送：①通过建立工作小组等方式强化城市物流管理相关方之间的协调；②豁免中国绿色货运行动认证卡车的城区限行；③对由零售商、企业运作的货运集散中心进行可行性评估，考量是否可以替代政府运作；④研究和评估欧洲及日本的城市货运物流在中国运用的适应性，包括集货点网络架构。

（8）发展多式联运：通过协调规划、土地审批和基础设施建设扩展铁路和内河航道网络。

（9）英国和美国的经验显示，开放铁路市场管制增加了铁路货运的市场份额。新成立的中国铁路总公司可以探索提升铁路货运服务的方法，将铁路运输市场向民间企业开放，增加铁路货运市场份额。

2. 系统性建议

系统性建议针对系统性的制度和政策挑战，旨在实现绿色货运的长期可持续发展。这些建议围绕中国绿色货运发展的四大支柱展开：

（1）部门协作：通过现有的中国绿色货运行动指导委员会促进和改善部门之间的协调，重点关注解决上述政策挑战，确定中国绿色货运的长期发展方向。

（2）研究：成立绿色货运研究机构协调网络，联合相关部委下属研究单位（交通运输部科学研究院、交通运输部公路科学研究院、交通运输部规划研究院、交通运输部水运科学研究院、中国汽车技术研究中心、环境保护部机动车排污监控中心、国家发改委综合运输研究所），并采用轮席制度。建议该网络的工作重点为：①汇编现有研究；②收集四大运输模式的基础数据和统计；③从现有的试点和示范项目中分析经验教训；④确定深入研究的重点领域，协调各研究单位之间的工作；⑤针对现有及新的研究、数据和试点项目建立数据库。

（3）企业参与绿色货运：行业协会应发挥更大的作用，向政府反映行业的诉求。相关行业协会包括中国道路运输协会、中国交通运输协会，由亚洲各国托运人、承运人和物流服务提供商（其中大部分企业在中国运营）组成的亚洲绿色货运组织（GFA）。

（4）通过多种渠道学习国际经验，改善政策制定和实施：①中国绿色货运行动专家小组，包括绿色货运发展方面领先机构的国际专家；②亚洲绿色货运组织的企业最佳实践；③每年可在中国绿色货运行动年度研讨会后举行一次学习、分享国际经验的专项研讨会。

目　录

1 概览

1.1 绿色货运

1.1.1 全球绿色货运发展现状

随着市场和供应链全球化的不断深化，国家之间、各洲之间的货运往来愈发繁忙，货运行业已成为世界各国经济发展中至关重要的一环。此外，货运行业也给环境和社会带来巨大影响，包括燃料使用情况、二氧化碳排放、空气污染、安全、作业环境等方方面面。2002 年以来，亚洲年均经济增速达到 8%左右。[①] 物流成本占 GDP 的比例从西亚的 10%～15%到印度尼西亚的 24%不等（其他发展中国家的比例或更高），高额物流成本可能成为经济发展的瓶颈。[②] 亚洲发展中国家货运和物流效率严重低下，因而，货运交通成为了“里约+20”峰会成果文件——《我们期望的未来》中非常重要的议题。政府和企业必须解决市场和社会对此问题的担忧，并且支持更高效、更清洁的货运行动。

“绿色货运”即在道路、铁路、水运和航空运输领域采取一系列的措施，旨在提高能源效率，降低对化石燃料的依赖，改善空气质量，并最大限度减少二氧化碳排放和缓解气候变化，同时维持竞争力和经济增长。在某些情况

① 亚洲清洁空气中心（2012）.《走进亚洲》. http：//cleanairinitiative. org/portal/AccessingAsia.

② 亚洲绿色货运企业网络（2013）. 亚洲绿色货运研究——迈向绿色经济：宏观指标，与亚洲道路货运可持续发展的相关性，与欧洲和美国市场的比较。www. greenfreightasia. org.

下，“绿色货运”的定义更为宽泛，属于“绿色增长”的范畴之内，也包括货运的社会—经济影响，例如驾驶员艾滋病预防与关怀、道路安全、噪声、振动和工作环境等。

为提升燃油效率、降低货运对环境的影响，多个地区和国家已经开展了绿色货运项目。英国货运最佳实践项目是最早的绿色货运项目之一，该项目直到 2001 年年底才结束，并仍在苏格兰和威尔士地方层面继续实施。① 发展最为成熟的要数美国 SmartWay 交通运输合作伙伴，该项目为公共部门与企业联合运作，2004 年开始由美国国家环境保护局管理，2012 年开始与加拿大“Fleet Smart”项目合并。② 欧洲绿色货运项目于 2012 年 3 月创立，与美国 SmartWay 不同是的，只包括企业，且并非公共部门出资。欧洲绿色货运项目由多家企业联合发起，是一个独立的志愿项目，旨在改善道路货运的环境表现，包括超过 100 个跨国承运人、托运人和物流服务商。③ 亚洲绿色货运组织由企业组成，在上述项目发展的基础上，于 2012 年 12 月发起，2013 年 6 月正式成型。此外还有多个国家有相关项目，诸如法国的“Objective CO_2”项目、“中国绿色货运行动”“韩国绿色和智能交通运输”项目及墨西哥的“Transporte Limpio”项目等，只不过仍不成熟，有待进一步发展。其他类型的行动包括侧重于海运的“清洁货运工作小组”，还有关注更宽泛交通运输和气候问题但同时包含货运的项目，例如“碳信息披露项目”“温室气体核算体系”，以及“碳作战室”。

2012 年 12 月，在香港举办的“更好的空气质量”（Better Air Quality Conference，BAQ）大会上，联合国区域发展中心宣布，亚洲 22 个国家的交通运输和环保部门共同制定了绿色货运地区协议。④ 这一协议将在亚洲地区环境可持续交通（EST）论坛的框架下进一步优化，支持《曼谷宣言》和由

① 《绿色物流：改善物流环境的可持续发展》，第 2 版，2012 年。

② http：//www.epa.gov/smartway/.

③ http：//www.greenfreighteurope.eu/.

④ 联合国区域发展中心（2012）．新闻稿：国际组织一致认同，亚洲需要绿色货运的区域协议，http：//www.baq2012.org/assets/Uploads/Freight－Press－Release－final3.pdf.

联合国经济和社会事务部促成的亚洲和太平洋政府区域宣言。①②③

在全球层面上，气候和清洁空气联盟将与智慧货运中心、亚洲清洁空气中心、国际清洁交通委员会、世界银行和美国、加拿大政府协同制定《绿色货运宪章》。

1.1.2 绿色货运策略：避免、转变和改善

货运行业在提高燃油效率、减少空气污染和温室气体排放等方面有很大改进空间。需要就此采取一揽子措施，涵盖：④⑤

（1）“改善”策略，通过技术和管理手段提高车辆和船舶的能源效率。与卡车相关的节能减排技术包括轮胎轮毂、空气动力学设备、减少怠速的技术、尾气排放控制技术、燃料与原油以及发动机和车辆技术等。对于海运和内河船舶，关键的策略包括使用低硫燃油、排放控制器件、为靠岸船舶提供岸电等。对于空运，主要改进方向为使用其他燃料替代煤油。

（2）“避免”策略，主要通过物流优化来降低道路货物运输需求或缩短运输距离，与提升物流水平最为密切。

（3）“转变”策略，将货运模式转向能源效率更高并/或更加环保的模式。

绿色货运发展必须在上述策略中取得一个平衡。其中“转变”策略是重中之重——从道路货运转向铁路、水路和海运可实现长期、可持续的节能和减排，但这需要时间。另外，提升燃油效率、降低卡车和船舶的污染排放可

---

① 2005年以来，联合国区域发展中心与环保部、日本政府一同协作，共同组织了“亚洲地区环境可持续交通论坛”（EST Forum），亚洲22个国家的环保、交通部门高层官员参与会议。

② 第五届“亚洲地区环境可持续交通论坛”达成了《曼谷宣言：2010—2020可持续交通目标》，其中包括货运运输在内的20个可持续交通目标：通过政策、计划和项目改进货车技术、建立车队控制和管理体系、支持更好的物流和供应链管理，从而改善道路、铁路、航空和海运的货运效率。

③ 区域政府宣言包括：《亚洲及太平洋发展交通运输部长级宣言》（2006）；《亚洲及太平洋发展交通运输釜山宣言》（2006）；《亚洲及太平洋发展交通运输部长级宣言》（2012）实施亚洲及太平洋发展交通运输地区行动项目第二阶段（2012—2016）；以及《亚洲发展交通运输曼谷宣言》（2009）。

④ 取用自 Dalkmann 和 Brannigan（2007）.

⑤ 亚洲清洁空气中心和联合国区域发展中心（2010）《亚洲环境可持续道路货运的挑战与机遇》。亚洲清洁空气中心和联合国区域发展中心（2011）.《绿色货运最佳实践——为了实现环境可持续的亚洲道路货运运输》。http：//cleanairinitiative. org/portal/projects/ESTForums.

以在相对较短的时间内实现，且同样会产生显著效果，因此是需要优先考虑的方向。

以下为道路货运策略的详细内容：

1. 道路货运的“改善”策略

下列为卡车的技术和管理策略。[①] 欧洲和美国有关卡车技术的最新研究请见附录A。

（1）降低胎重和滚动阻力的轮胎与轮毂技术，包括铝轮辋，低滚阻（LRR）轮胎，单宽基轮胎，胎压监测或自动充气系统，以及充氮气而非空气的轮胎。

（2）减少牵引车和挂车“阻力”或空气阻力的空气动力学技术，包括车顶整流罩、驾驶室延伸装置，侧面整流罩，汽车气坝前保险杠，鼻锥，指定轴距和第五轮位置，侧裙，挂车车尾，挂车尾部倾斜，使用“底部托盘”来精简挂车下部。

（3）减少怠速空转的技术，降低卡车空转时间，从而节约能耗。例如在卡车停车场使用电力，以及车载辅助动力装置。

（4）排放控制技术，通常包括尾气再循环（EGR）、选择性催化还原（SCR）、柴油氧化催化剂（DOC）系统、柴油溢流式过滤器和柴油微粒过滤器（DPF）。

（5）燃油、发动机和替代车辆技术，例如低硫柴油、低黏度润滑油、燃油旁路过滤系统、压缩天然气、混合动力卡车以及轻型卡车配件。

（6）车队更新现代化卡车。

（7）检测和维护。

（8）车速控制、节能驾驶、驾驶培训。

通常上述技术可组合使用，因此需要考虑各技术之间的互相依存度，考虑其对节能减排效果的影响。例如，将先进刹车技术与轮胎技术结合使用，

---

① 联合国区域发展中心和亚洲清洁空气中心，2011.《绿色货运最佳实践——为了实现环境可持续的亚洲道路货运运输》。

可进一步强化低滚阻的益处。

2. 道路货运的“避免”策略

道路货运的“避免”策略主要是物流方面的解决方案，旨在最大程度上利用卡车的装载能力，减少“空载”（例如回程空载），实现行车公里数（VKT）的最小化。降低货运物流污染排放的策略包括：[①②]

（1）“甩挂”、使用铰接车来组织货运，“甩”是指拖带挂车，并在客户指定的地点（或配送中心）甩留货物，“挂”是指立即拖带装载货物的挂车驶往下一个目的地。此种方式有效打破了车辆装/卸操作与运输操作之间的关联，让装卸均可实现优化。因为无须等候挂车的装卸，大多数驾驶员偏好此种方式；

（2）最大程度上利用卡车的装载能力，特别是回程阶段，可通过安排回程装载、巩固负载、负载堆叠、使用多层运载车辆（受到道路网络能否提供足够高度间隙的影响）、将车辆大小与装载货物数量相匹配等。提升装载卡车的管理同样有助于提高生产及仓储业务的效率；

（3）车辆路线和调度的数字化软件有助于优化送货、集货路线；

（4）物流信息平台能让需要运送货物的公司在线找到货运承运人；

（5）货运公司合作，分享资源与优势，合作方式可包括以合同为基础进行结盟以及较为松散的合作安排等；

（6）货运集散中心，同一起点和目的地、但不同供应商的商品可以联合运送，提高效率、降低在途车辆数量。其他类似的说法包括“货运中心”“转运中心”“公共物流中心”“城市配送中心”和“城市平台”等。

3. 道路货运的“转变”策略

大多数情况下，运输模式的转变指将货车运输模式转变为多式联运或

① 亚洲清洁空气中心（CAA），2011.“绿色货运中国项目设计：货运物流解决方案评估”，菲律宾，帕西格市．http：//cleanairinitiative.org/portal/projects/GreenFreightChinaProgram

② 物流策略有时会增加行驶里程或是车辆使用，但这是权衡运输成本与库存成本的结果。

其他运输模式。需区分多式联运服务（道路货运在铁路或水路长途运输中至少占据一端）和直接长途运输（连接工厂和其他可以通往铁路或水路的处所）。

通过铁路在矿井、工厂、港口或配送中心等关键运输中心之间进行大宗货物的长途运输；

（1）通过内河航道运送重型大宗货物；

（2）使用地面集装箱或可拆卸货箱的铁路/道路运输；

（3）使用集装箱船只/船舶在同一航线的主要港口之间运送大宗货物（例如上海和深圳）；

（4）货运自行车、摩托车、三轮车、人力车、畜力车和其他城市、农村货运工具。在发展中国家，现有的部分非机动车货运模式需要保留。

1.2 中国货运行业概况

随着经济的增长，中国货运周转量持续增长。2008—2012年，中国货运量和周转量的平均年增长率分别为11.1%和9.4%，同期GDP增速为9.3%。①② 2012年，货运量为412亿吨，货运周转量为173145.1亿吨。③ 在412亿吨的货运总量中，道路交通占比78.2%，水运和铁路运输分别占比11.1%和9.5%，空运和管道运输占比0.013%和1.3%。④ 在周转量方面，占比最高的是水路运输（46.6%），包括海运和内河航道，其次为道路运输，占比34.7%。⑤ 数据显示，2011年中国道路交通运输的污染排放总量中，货

① 《中华人民共和国2012年国民经济和社会发展统计公报》，中国国家统计局。2008—2012年货运量年增长率分别为9.4%、7.5%、13.4%、13.7%和11.5%，同期货运周转量年增长率分别为3.8%、9.8%、12.4%、12.1%和8.7%。

② 《中华人民共和国2012年国民经济和社会发展统计公报》，中国国家统计局。2008—2012年中国GDP年增速分别为9.6%、9.2%、10.4%、9.3%和7.8%。

③ 《中华人民共和国2012年国民经济和社会发展统计公报》，中国国家统计局。

④ 1990年以来，中国货运总量中大部分为道路货运：2012年为78.2%，2000年为76.5%，1990年为74.6%。

⑤ 《中国统计年鉴（2012）》，中国国家统计局。

车排放的一氧化碳占比 36.8%，碳氢化合物占比 41.2%，氮氧化物占比 59.8%，颗粒物占比 76.3%。[①] 最近中国媒体刊登了一篇有关道路货运效率低下的文章：超过 40%的货车在城际运输中存在空载的问题，平均装卸时间为 72 小时。[②]

依以上数据显示，道路货运对中国经济发展非常关键，也是降低环境、社会负面影响需要优先考虑的领域。因此，作为中国绿色货运发展中的一个部分，道路货运问题应当得到优先的解决。

截至 2011 年，全国共有 70 万运营商、652 万个体运营商和 1100 万辆营运货车。货车数量超过 50 辆的运营商仅占 2.9%。进行集装箱、大型物件和危险品等特殊货运操作的运营商占比 2.9%。全国批准货车种类近 3000 种，普通货车和特殊货车[③]的平均吨位分别为 5.6 吨和 15.7 吨。[④]

2007—2012 年间，受以下四方面因素影响，中国道路货运周转量累计增长 428%。[⑤] 第一，为平衡区域发展，解决长三角、珠三角和环渤海等东部沿海地区生产成本上升的问题，国家进行了政策引导，制造业由东部地区转移至中部和西部地区。受此影响，中部和西部地区的 GDP 贡献稳步上升，从 2008 年的 37.1%上升至 2011 年的 39.2%。[⑥] 中部和西部地区生产产品，并向中国其他地区、其他国家运输产品将对货运周转量产生影响。第二，2012 年以来，进出口总量年增长率出现了显著的下滑，从 2011 年的 22.5%下滑至 2012 年的 6.2%。进出口贸易下降后，货运量和货运周转量增速放慢就成了自然的结果。第三，由于新城市经济的需求，城市货运出现增长：直接运送至消费者的货运量呈几何级数增长，库存规模减小（零库存），快递和急

---

① 尹航，环保部机动车排污监控中心，在中美清洁商用车高峰论坛上的演示文稿，北京，2012 年 10 月 30—31 日。

② 新华网：http://news.xinhuanet.com/mrdx/2014-03/06/c_133162904.htm

③ 按照道路货物运输及站场管理规定，道路货物运输包括普通货运、道路货物专用运输（使用集装箱、冷藏保鲜设备、罐式容器等）、道路大型物件运输和道路危险货物运输。专用车辆用于专用运输、大型物件运输和危险货物运输。

④ 数据援引自接受本报告采访的专家。

⑤ 中国 2007 年道路货运周转量为 11355 亿，2012 年为 59992 亿，《中国统计年鉴（2012）》，《中华人民共和国 2012 年国民经济和社会发展统计公报》，中国国家统计局。

⑥ 《中国统计年鉴》，中国国家统计局。

件运送的需求增加，货运碎片化（每天接收几个包裹而非一周一次性收货），在线购物的迅猛增长导致家庭递送量快速上升。第四，农村物流需求涌现，满足农村居民的生产和日常生活需求。因此，道路货运周转量的增长不仅是经济扩张的结果，也受生产、配送系统结构重组的影响。

1.3 中国绿色货运制度与政策框架分析

本书旨在通过分析中国当前与绿色货运相关的政府部门机构设置和相关政策，识别出中国现有政策框架与国际上的成功经验与最佳实践之间的差距，并基于此提出中国绿色货运的进一步发展的建议。在中国，货运在节能减排的行动中一直是被忽视的领域，推动货运行业节能减排的实践活动更是起步较晚，它源于 2008 年亚洲清洁空气中心在世界银行的资助下所设计和实施的“广州绿色卡车试点项目”。从政策研究的角度而言，虽然国内不乏交通领域节能减排的综合性研究，或是针对货运节能减排某一具体问题的研究，例如，甩挂运输和车辆排放控制，但是，国内尚无从绿色货运视角切入对相关政策和制度进行全面梳理的研究成果。因此，本书旨在填补此政策研究领域的空白。

鉴于中国绿色货运操作仍处于起步阶段，对现有的主要政策进行传统分析意义不大。因此，项目团队决定从如何更好、更快地推行绿色货运的角度来评估现有政策和制度，并且明确现有政策与实现绿色货运所必要的政策之间的差距。研究以此为目的，对三大政策领域进行分析梳理，分别为卡车技术和管理策略（改善），货运物流减排策略（避免）以及多式联运（转变）。根据所积累的信息，以及对于国际绿色货运成功经验的理解，亚洲清洁空气中心认为，这三个政策领域是实现绿色货运的重点。

1. 主要研究方法

（1）对已有信息进行梳理总结，包括现有的研究、政策文件、规划方案、政府官员的演讲等。

（2）专家访谈，对专注该领域的相关机构专家进行访谈，同时咨询主要利益相关方，包括政府部门、研究所、行业协会以及企业。本报告咨询、采访的专家与利益相关方名录请见附录B。

（3）参考既往相关活动产出，例如2012年中国绿色货运行动研讨会，全球环境基金资助的广东绿色货运示范项目和深圳绿色货运博览会。

（4）国际绿色货运专家对初稿和最终版本进行审阅。

2. 研究范围

（1）本研究第2章从机构设置和宏观政策层面梳理四种运输模式（铁路、公路、水运及航空）的相关信息，但因和其他货运模式相比，道路货运在中国陆路货运中比重最大，能源消耗和环境影响最为显著，因此其他章节将仅限于道路货运的内容。

（2）本报告所指的"政策"是广义的概念，包括规划、法律、法规、标准和方案等。

3. 本书结构

本书结构如下：

（1）第2章概述与中国四大货运运输模式相关的机构设置和宏观政策规划。

（2）第3章至第5章从货车政策（第3章）、货运运输减排策略（第4章）和多式联运（第5章）三个方面进行分析和讨论，明确中国面临的挑战，以及与相关国际经验之间的差距。

（3）第6章针对中国绿色货运有待改进的重要方面提出建议，并建议相应的执行机构。

2 货运管理机构设置与政策框架

2.1 机构设置

本部分概述了中国四大货运运输模式（道路、水路、航空和铁路）国家层面的机构设置，因与绿色货运相关度较高，因此特别关注能源、燃油消费和污染排放。总体来看，国家机构设置包括：

（1）负责制定策略、规划和政策的部委；

（2）各部委下属的科学研究机构，为政策决定提供研究支持；

（3）政府设立的行业协会，在政府与企业之间扮演桥梁的作用，反映企业诉求、规范行业行为。

国家机构设置如图 2－1 所示。

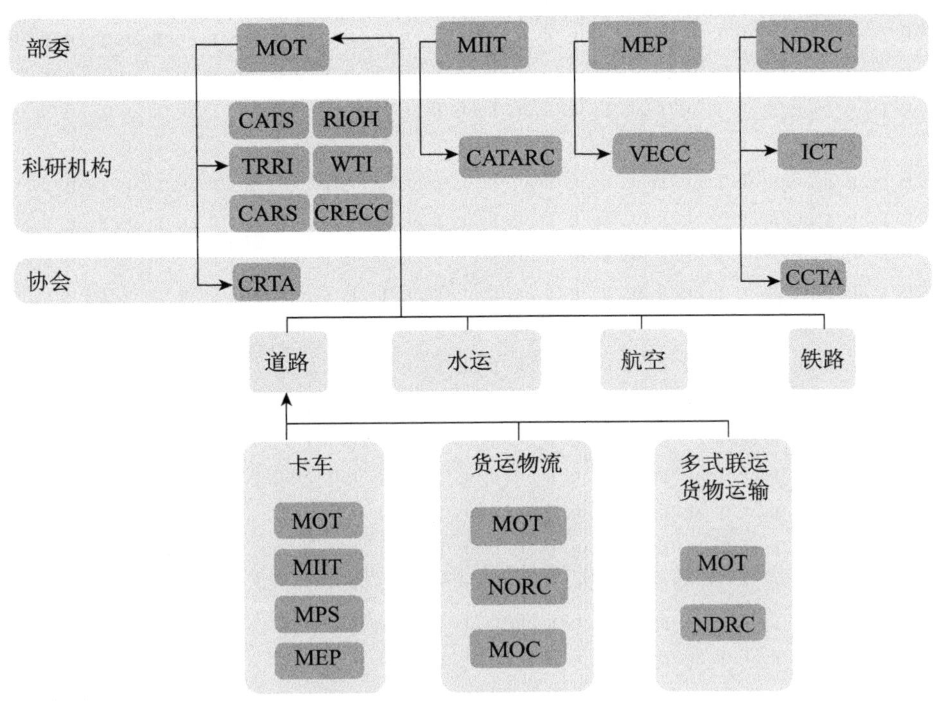

MOT　交通部

MIIT　工信部

MEP　环保部

NDRC　国家发展和改革委

CATS　交通运输部科学研究院

RIOH　交通运输部公路科学研究院

TPRI　交通运输部规划研究院

WTI　交通运输部水运科学研究院

CARS　铁道科学研究院

CRECC　铁道部经济规划研究院

CATARC　中国汽车技术研究中心

VECC　环境保护部机动车排污监控中心

ICT　国家发改委综合运输研究所

CRTA　中国道路运输协会

CCTA　中国交通运输协会

MPS　公安部

MOC　商务部

图 2－1　货运管理国家机构设置

2.1.1　中华人民共和国交通运输部

交通运输部（MOT）是负责管理道路、水路、航空与铁路货物运输的国家政府机构，经多轮政府机构改革被授予上述职责。2008 年以前，交通运输部仅负责道路和水路货运。经过 2008 年的国务院机构改革，中国民用航空局（民航局）被划入交通运输部，航空运输管理也成为交通运输部的职责之一。2013年最新一次国务院机构改革撤销了铁道部，其原先的各项职能转移至不同机构。其中，拟订铁路发展规划和政策的行政职责划入交通运输部，其他行政职责由交通运输部下的“国家铁路局”承担；组建中国铁路总公司，承担企业职责，由原铁道部部长担任总经理。

交通运输部负责道路营运卡车的整体管理工作，包括发放营运货车许可（若无相关许可，货车不能上路），进行货车安全性和燃油消耗年检。交通运输部同时制定营运货车燃油消耗标准，与工信部制定的标准并行。

交通运输部下属研究所包括科学研究院、规划研究院、公路科学研究院（下属机构包括汽车运输技术研究中心）和水运科学研究院。中国道路运输协会为交通运输部下属，专为道路运输而设立。

交通局/委员会在省级和地方层面承担相应的行业发展和管理职责，直接向省级或市级政府报告。它们负责执行中央政府和交通运输部发布的国家政策和项目。

2.1.2 中华人民共和国工业和信息化部

工业和信息化部（MIIT）通过制定、组织执行发展策略、计划、政策、法律、法规、标准和指引管理传统产业、通信和信息产业。2008年国务院机构改革撤销原信息产业部，成立工信部，同时将其他多个国家机构的诸项职责划入工信部，包括发改委的工业行业管理和信息化有关职责、“国防科学技术工业委员会”除核电管理以外的职责、原“信息产业部”的职责及原国务院信息化工作办公室的职责。[①]

工信部负责发放商用车生产企业的准入许可、批准包括各类卡车在内的商用车的生产与销售，因此与货运行业密切相关。为管理审批车辆的生产与销售，工信部制定了重型商用车燃油经济性标准。其下属的相关研究单位中国汽车技术研究中心支持工信部草拟标准，并提供研究支持。

---

① http：//www.china.org.cn/government/news/2008－06/30/content _ 15906787.htm.

2.1.3 中华人民共和国环境保护部

环境保护部（MEP）作为国家环境保护机构，负责制定实施包括重型车在内的所有车辆类别的排放标准。环保部机动车排污监控中心在政策研究、技术支持、中国国家车辆污染排放控制策略、政策、法律、法规和标准的管理方面向环保部提供支持。机动车排污监控中心的职责包括：①对新车排放测试进行技术评估，并授予生产型式核准；②为低排放车型管理和在用车排放检测提供技术支持，③制定、修订车辆燃油、添加剂和润滑油的环保指标；④向车辆排放检测机构提供技术支持，提供车辆排放控制技术方面的培训课程；⑤管理车辆排放控制的专题网站（http：//www. vecc－mep. org. cn/eng/）。[①]

2.1.4 中华人民共和国国家发展和改革委员会

国家发展和改革委员会（NDRC）负责制定交通运输领域的策略、政策和改革计划。特别是制定综合交通运输系统发展规划，平衡多个运输模式之间的发展。综合运输研究所为发改委下属机构，进行中国宏观经济管理领域的综合交通运输研究。中国交通运输协会由发改委管理，覆盖铁路、空运、道路、水路和管道运输领域。

2.1.5 其他部门和机构

还有其他部门和机构与绿色货运相关，其中相关度较高的是：

（1）公安部（MPS），负责管理车辆登记、在用卡车安全检测；

（2）财政部（MOF），确定燃油税在内的税率；

（3）国家标准化管理委员会（SAC），由国务院授权，协调和管理标准化工作；

（4）海关总署（GAC），制定、执行进出口法规，包括车辆和技术；

（5）物流与采购联合会（CFLP），是获国务院批准的物流、采购行业协

① http：//www. craes. cn/cn/jgsz/jgsz _ 7 _ 4. html.

会，主要关注物流行业发展、政府和企业的采购活动，编制行业数据，设定相关行业标准。

2.1.6 省级、地方政府机构

国家机构设置在省级和地方层面的机构安排中也有所体现。因广东省及其省会广州市是中国绿色货运发展的先行地区，因此以其为例予以说明。

以广东省为例，与绿色货运相关度最高的省级政府机构和相应职责如下：

（1）广东省交通运输厅，主管全省公路和水路交通运输行业，是广东绿色货运示范项目的牵头单位；

（2）广东省发展和改革委员会，负责制定综合交通运输发展规划，主要负责绿色货运项目的审批；

（3）广东省经济和信息化委员会，统筹推进广东省物流信息平台；

（4）广东省环境保护厅，制定机动车的污染防治管理制度并组织实施；

（5）广东省公安厅，指导、监督道路交通安全管理，负责对驾驶牌证的管理工作；

（6）广东省财政厅，安排、监督以及管理省级专项资金（例如使用铰接式卡车的甩挂运输专项资金）。

以广州市为例，与绿色货运相关度最高的市级政府机构如下：①

（1）广州市交通委员会（GTC），负责管理卡车货运站，通过检查与维护中心进行检查和维护，提供培训；与广州市物价局一同确定交通运输相关费用，与广州市财政局、税务局一同确定燃油税；管理交通运输项目，包括国际合作项目；同时联络登记在广州的货车企业和行业协会；

（2）广州市环境保护局（GEPB），负责制定交通运输排污监督、减排、空气质量等地方法规；

（3）广州市交通运输管理局（GTMB），是广州市公安局下属单位，承

① 亚洲清洁空气中心（CAA Center）和世界银行，2010 年，广州绿色卡车试点项目——分析报告．http：//cleanairinitiative. org/portal/projects/GreenTrucksPilot.

担道路安全相关各项工作。货车必须在其下货运管理科进行登记；

（4）广州市政府质量技术监督局（GQTS）负责产品质量和技术监督；起草标准化、测量、质量检测和安全监管相关的市级制度法规；指导、监督涵盖交通在内多个领域的行政执法情况；

（5）广州市财政局、广州市发展和改革委员会下属部门共同评估融资机制，为提升燃油经济性、降低污染排放创造激励和工具。

2.2 “十二五”总体政策与规划

各责任部门分别发布了“十二五”（2011—2015）期间的总体交通运输规划。其中相关度最高的是（详见附录C表C-1）：

（1）与交通运输发展相关的两项总体规划是交通运输部的《交通运输“十二五”发展规划》[①]，和国家发展和改革委员会的《“十二五”综合交通运输体系规划》。其他还包括针对各具体运输模式的发展规划：交通运输部的《道路运输业“十二五”发展规划纲要》、中国民用航空局的《中国民用航空发展第十二个五年规划》以及铁道部的《铁路“十二五”发展规划》；

（2）交通运输部的《公路水路交通运输环境保护“十二五”发展规划》涵盖污染和能源效率，但未包括能源消耗；

（3）交通运输部还制订了两项补充计划，针对不同时间框架的节能减排：《公路水路交通节能中长期规划纲要》（2005—2020），和《公路水路交通运输节能减排“十二五”规划》（2011—2015）；

（4）交通运输部还于2011年发布了《建设低碳交通运输体系指导意见》，在气候变化的背景下，指导交通运输行业的温室气体减排工作。

整体来看，这些规划涵盖了以下主要内容：现状和发展需要、发展原则、目的和目标、主要任务及措施等。报告的后续篇章将分析这些规划中与绿色货运发展相关的具体目标和主要任务。

---

① 该规划涵盖道路、水路、航空运输，但不包括铁路和管道运输。

2.2.1 国家节能减排目标

从“十一五”规划（2005—2010）开始，中国政府将节能减排列为国民经济和社会发展的约束性指标：2005—2010 年，国家 GDP 的能耗比例下降 20%。修订后的《节约能源法》于 2008 年开始实施。根据“十二五”确定的新目标，到 2015 年年底，能源强度（单位 GDP 的能源消耗）将在 2010 年的基础上下降 16%，二氧化碳强度（单位 GDP 的二氧化碳排放量）下降 17%。

“十二五”首次将二氧化碳减排目标分解到各省层面，减排目标在10%～19.5%不等，能源强度削减目标则从 10%～18%不等。①② 上述目标以某一年为基年，例如 2005 年或 2010 年，但是，量化基准并不涵盖在内。能源使用和二氧化碳排放数据来自于国家和省级统计局公布的统计年鉴。

针对客运和货运道路运输分别设定了相应的目标，而空运和铁路运输的目标较道路目标宽松得多。交通运输部设定的国家交通运输行业节能减排目标如下，同样以某一年为基年。

1. 国家能源强度指标

设定能源强度目标是为了降低单位客运或货运的能源消耗。

（1）公路：到 2015 年和 2020 年，营运货车单位运输周转量的能耗比 2005 年分别下降 12%和 16%左右。

（2）水路：到 2015 年和 2020 年，营运船舶单位运输周转量的能耗比 2005 年分别下降 15%和 20%，其中内河船舶分别下降 14%和 20%，海洋船舶分别下降 16%和 20%。港口生产单位吞吐量综合能耗分别下降 8%和 10%。

（3）航空：与 2010 年相比，到 2015 年，民航运输吨公里的能耗下降 3%以上。

（4）铁路：与 2005 年相比，到 2015 年，铁路单位运输工作量综合能耗下降 5%。

---

① Zhang 等，2012. 量化分析我国二氧化碳强度减排目标分配的区域经济影响（Quantifying regional economical impacts of the CO_2 intensity reduction target allocation in China）.

② http：//politics. people. com. cn/GB/1026/15660407. html.

2. 国家二氧化碳排放强度指标

设定二氧化碳排放强度目标是为了降低单位客运或货运的二氧化碳排放量。

（1）公路：到 2015 年和 2020 年，营运货车单位运输周转量二氧化碳排放比 2005 年分别下降 13％和 20％。

（2）水路：到 2015 年和 2020 年，营运船舶单位运输周转量二氧化碳排放比 2005 年分别下降 16％和 22％，其中，内河船舶分别下降 15％和 23％，海洋船舶分别下降 17％和 21％。港口生产单位吞吐量二氧化碳排放比 2005 年分别下降 10％和 12％。

（3）航空：与 2010 年相比，到 2015 年，民航二氧化碳排放下降 3％以上。到 2015 年，新建成机场垃圾无害化处理和污水处理率将达到 85％。

考虑到地方条件和减排潜力，各省目标有所不同。以水路为例，上海设定的目标是，到 2015 年营运船舶单位运输周转量的能耗比 2005 年下降 19％，高于国家 15％的整体目标，而陕西省的目标为 14％，低于国家目标。

2.2.2 总体政策与规划确定的主要任务

为实现发展目标，上文提及的规划也列明了主要任务。根据规划涉及的范围（例如所有的运输模式，单一运输模式或是单一运输模式的一个方面），主要任务的细节化程度有所不同。规划范畴越大，任务越是宽泛。即使任务的细节化程度有所不同，任务的政策目标都得以阐明。唯一例外的是《公路水路交通节能中长期规划纲要》，该纲要除列出政策目标外，也给出了每个主要任务的能耗削减期望比例。

后文将分析，总体规划设定了哪些直接、间接地支持绿色货运发展的主要任务。

1. 道路货运

“十二五”公路水路交通运输节能减排，以及 2015 年和 2020 年公路水路交通运输节能方面的两项规划明确了道路货运节能减排的主要任务。

表 2－1 列出了 2015 年和 2020 年公路水路交通运输节能规划中道路货运相关的主要任务、具体目标和节能效果：

表 2－1　　2015 年和 2020 年道路货运主要任务、具体目标及节能效果

项目		2015 年		2020 年	
类别	主要任务	具体目标	节能效果	具体目标	节能效果
结构性节能	优化路网结构（不含农村道路）	二级及以上公路比重≥20％ 路面铺装率≥70％	3.0％	二级及以上公路比重≥21％ 路面铺装率≥75％	4.5％
	优化能源结构（折算成标准煤）	货车柴油比例≥85％	2.4％	货车柴油比例≥90％	3.1％
	优化货运运输结构	普通货车平均吨位≥4.4 吨，其中大型货车≥12 吨，占总载重吨比重≥78％	3.0％	普通货车平均吨位≥4.5 吨，其中大型货车≥14 吨，占总载重吨比重≥80％	3.6％
管理性节能	优化运输组织方式	拖挂甩挂运输承运比重≥12％	1.2％	拖挂甩挂运输承运比重≥15％	1.8％
	提高运输效率	货运里程利用率≥66％	5.1％	货运里程利用率≥67％	8.1％
	推广节能驾驶	节能驾驶比例≥65％	1.6％	节能驾驶比例≥70％	2.1％
技术性节能	推广替代燃料，推广皮重轻、装载能力强的货车	—	—	—	—
	货车使用节油发动机	—	—	—	—
	货车使用节能技术和产品	—	—	—	—

来源：修改自《公路水路交通节能中长期规划纲要》

根据上述规划所列明的主要任务，“十二五”公路水路交通运输的节能减排可进一步划分为两项专项行动和与道路货运相关的八大重点工程，如表

2－2所示。

表2－2　“十二五”期间道路货运节能减排专项行动和重点工程

专项行动	目标
1. 节能减排科技专项行动	提升促进能力建设、策略和政策分析、研究与发展，全面提升行业节能减排科技发展水平
2. 重点企业节能减排专项行动	按照能耗量确定重点企业名单，深入开展交通运输行业重点企业节能减排示范活动
重点工程	**目标**
1. 营运车船燃料消耗量准入与退出工程	全面实施营运车辆燃料消耗量限值标准，试点开展老旧车辆提前退出运输市场
2. 节能与新能源车辆示范推广工程	在城市物流配送、城际客货运输车辆中积极开展试点天然气车辆使用
3. 甩挂运输节能减排推广工程	在全国范围内筛选典型区域和典型公路运输企业开展甩挂运输节能减排试点工作
4. 绿色驾驶与维修工程	大力推广绿色驾驶、车船驾驶培训模拟装置，组织实施绿色维修工程
5. 智能交通节能减排工程	以物流公共信息平台为重点，大力推进现代物流技术的开发和应用
6. 公路建设和运营节能减排技术推广工程	通过先进适用节能减排技术的推广应用工作，降低公路基础设施建设和运营领域的能耗水平
7. 合同能源管理（EPC）推广工程	加快培育专业节能服务公司，在公路隧道节能改造、先进成熟节能产品（技术）应用方面进行合同能源管理示范
8. 节能减排监管能力建设工程	提升政府机构道路运输的节能减排监管能力

来源：修改自《公路水路交通运输节能减排“十二五”规划》

2. 水路货运

规划道路运输发展的总体政策也涵盖了水路运输发展规划。然而，并没有分别设定水路运输客运和货运的节能减排目标。因此，表2－3所列出的主要目标为整体目标，并非专指货运。

表 2-3　　2015 年和 2020 年水路运输主要任务、具体目标及节能效果

项目	2015 年			2020 年	
类别	主要任务	具体目标	节能效果	具体目标	节能效果
结构性节能（增加船舶吨位，运载更多货物）	船舶吨位结构	内河船舶≥500 吨 海运船舶≥10000 吨	内河 3.5% 海运 3.7%	内河船舶≥600 吨 海运船舶≥12000 吨	内河 5.2% 海运 4.6%
	内河航道等级结构	三级以上航道比重≥9%		三级以上航道比重≥10%	
技术性节能	燃油添加剂	应用率≥60%	1.6%	应用率≥80%	2.2%
	推广防污漆	应用率≥70%	3.4%	应用率≥90%	4.6%
	推广节能船型	应用率≥70%	1.4%	应用率≥80%	2.0%
管理性节能	船舶载重量利用率	内河船舶≥65% 海运船舶≥69%	内河 3.6% 海运 1.7%	内河船舶≥70% 海运船舶≥72%	内河 4.5% 海运 2.2%
	海运加强经济航速管理、推行减速航行	海运集装箱船平均航速下降 ≥6%	5.3%	海运集装箱船平均航速下降≥8%	7.6%
	全国船舶维修保养率	维修保养率≥75%	1.2%	维修保养率≥80%	1.6%

来源：修改自《公路水路交通节能中长期规划纲要》

表 2-4　　“十二五”期间水路运输节能减排专项行动和重点工程

专项行动	目标
1. 节能减排科技专项行动	提升促进能力建设、策略和政策分析、研究与发展，全面提升行业节能减排科技发展水平
2. 重点企业节能减排专项行动	按照能耗量确定重点企业名单，深入开展交通运输行业重点企业节能减排示范活动
重点工程	目标
1. 内河船型标准化	提升内河航运竞争力
2. 绿色驾驶与维修工程	大力推广绿色驾驶、车船驾驶培训模拟装置
3. 智能交通节能减排工程	内河船舶免停靠报港信息服务系统推广
4. 绿色港航建设工程	水铁联运节能减排示范，集装箱码头 RTG“油改电”示范，推广靠港船舶使用岸电，推广应用可再生能源

续 表

专项行动	目标
5. 合同能源管理（EPC）推广工程	加快培育专业节能服务公司，在港口照明与RTG“油改电”、靠港船舶使用岸电、先进成熟节能产品（技术）应用方面进行合同能源管理示范
6. 船舶能效管理体系与数据库建设工程	研究制定船舶能效管理体系标准和认证规范，根据现有国际实践和经验建立船舶能效设计指数和营运指数数据库
7. 节能减排监管能力建设工程	提升政府机构水路运输的节能减排监管能力

来源：修改自《公路水路交通运输节能减排“十二五”规划》

3. 航空货运

以下为“十二五”民航发展规划中列出的“十二五”期间航空运输的节能减排主要任务，任务尚无细则，且不区分客运和货运：

（1）优化地面运行；

（2）研发与推广航空替代燃料；

（3）安装尖飞机小翼；

（4）深化APU替代项目。

4. 铁路货运

以下为“十二五”铁路发展规划中列出的加强绿色铁路发展的主要任务，任务尚无细则，且不区分客运和货运：

（1）加快铁路电气化技术改造，优化路网技术结构；

（2）广泛应用机车车辆等设备节能新技术、新装备、新工艺，降低单位运输工作量牵引能耗；扩大新能源、新产品和新材料利用，多层次和全方位降低非牵引能耗；

（3）优化运输组织，提高运输效率；

（4）加强货物列车粉尘防护；同时

（5）健全节能环保目标责任制，强化对铁路规划、建设和运营等过程节能环保监督检查。

2.3 绿色货运项目

2.3.1 国家绿色货运项目

中国绿色货运行动作为国家级项目于2012年4月初创，致力于提升燃油效率、降低道路货运二氧化碳和空气污染物的排放。该项目同时致力于加强政府、私营部门、发展机构和其他利益相关方之间的协调，支持中国绿色货运的进一步发展。中国绿色货运行动标识，如图2-2所示。

图2-2 中国绿色货运行动标识

道路货运随着经济的发展稳步增加，因此发展绿色货运对于中国而言至关重要。交通运输占中国能耗总量的三分之一，其中超过一半用于道路运输。中国绿色货运行动的创立受到以下项目的鼓舞：由亚洲清洁空气中心、世界银行牵头组织的广州绿色卡车试点项目（2008年12月—2010年2月）、全球环境基金广东绿色货运示范项目（2011年9月启动）、美国和加拿大共同运作的SmartWay交通运输项目以及欧洲绿色货运项目。

中国绿色货运行动由以下机构管理执行：中国道路运输协会（CRTA）、交通运输部公路科学研究院（RIOH）以及亚洲清洁空气中心。创立的第一年将侧重点放在了建立制度机制方面。中国绿色货运行动指导委员会为项目

发展提供指导，由交通运输部、环保部、发改委、公安部、工信部和财政部共同组成。同时由专家小组提供建议和技术支持。

另外，为项目的头五年制订了行动计划，包括以下三个部分：

（1）绿色货运管理。促进车队有效管理，通过设定绿色货运标准，减少行车距离和空载。中国绿色货运行动当前提出的优先策略是发展甩挂运输、并运用信息技术提升物流水平。

（2）绿色技术。通过制定绿色卡车标准，发布绿色技术和节能产品目录来推动卡车和轻型卡车应用绿色技术。①

（3）节能驾驶。通过制定节能驾驶标准，推广节能驾驶。

此外，还有其他范围更广的活动，例如中国绿色货运行动年度研讨会等促进政府、企业、发展机构和社会团体交流的活动；项目及项目管理方面的品牌推广、市场宣传和交流活动。

中国绿色货运行动创立的初衷就是要鼓励和奖励企业进行绿色管理、应用绿色技术、开展绿色驾驶。因此，中国道路运输协会和交通运输部公路科学研究院针对承运人制定了绿色货运企业标准指导意见，针对货车制定绿色货运车辆标准指导意见，并于 2013 年在道路运输协会的部分会员单位开始试点。上述指导意见确定了五个层面的性能表现指标，与中国绿色货运行动标志上的五片绿叶相对应。根据中国绿色货运行动前五年的工作计划，行业领先货运企业的 1000 辆卡车将首先进行示范，随后扩大至 1000 辆 I 类和 II 类的卡车。

2.3.2 地方绿色货运项目

为了支持广州改善空气质量，筹备 2010 年亚运会，世界银行和亚洲清洁空气中心实施了一个试点项目——广州绿色卡车试点项目。该项目致力于

① 为提升能源效率，降低二氧化碳、空气污染物的排放，正在考虑的技术和相关策略包括车辆（例如轮胎、空气动力学技术、车重、货车大小/外形）；发动机和排气系统（例如 SCR，DPF，发动机热管理）；燃料（例如低硫燃料，CNG，混合燃料、电力、燃油添加剂和润滑剂）；车辆性能管理检测和维护（包括使用 GPS 或北斗卫星导航系统）。

提升燃油经济性，降低广州卡车的二氧化碳与空气污染物的排放，为广东省乃至全国提供一个绿色卡车项目示范。项目包括三个部分，即技术试点、驾驶员培训课程以及卡车货运行业调查。试点项目的结果喜人，印证了美国及其他西方国家采用的技术在中国也可起效，但是需要更大规模的试点来确认节能潜力，也需要一个国家范围的项目来提升燃油效率、降低柴油车的污染排放。①

在广州绿色卡车试点项目实施之后，广东省开始实施广东绿色货运示范项目，该项目由全球环境基金资助，由世界银行实施。项目于 2011 年 4 月正式获批，于 2015 年 12 月正式落下帷幕。项目包括：三项示范（绿色货车技术示范、甩挂运输示范、物流交易信息平台示范）和四项支持（广东省道路货运公共信息平台建设、绿色货运政策研究、绿色货运示范项目培训以及宣传推广）。目前，该项目已经完结。②

一些中国企业正在试点和采取措施，提升燃油效率、降低污染排放。但对于这些行动还没有国家层面的总结，而这些项目的经验对于开展全国范围行动必不可少。

① http：//cleanairinitiative. org/portal/projects/GreenTrucksPilot.

② http：//www. gdlshy. com/EnIndex. aspx.

3 政策：货车

本章将介绍货车相关的政策，特别是推动中国绿色货运发展的卡车技术和管理策略。与货车政策相关的主要部门包括交通运输部、环境保护部、工信部及其相应下属机构。本章讨论的政策详见附录C表C-2。

3.1 燃油经济性、排放和燃料标准

3.1.1 货车燃油经济性标准

车辆燃油效率或称燃油经济性，指每单位油耗的行驶距离，如每加仑燃油的行驶英里数（mpg）、每升燃油的行驶公里数（km/L）、或每单位行驶距离的油耗（例如L/100km）。设立燃油经济性标准的目的是降低车辆油耗，从而控制温室气体的排放。

2007年以来，中国就已发布了轻型商用车和重型商用车的燃油经济性标准。轻型商用车（最大设计总质量≤3.5公吨，设计车速≤50公里/时）的燃油经济性标准是《轻型商用车辆燃料消耗量限值》（GB 20997—2007），燃料消耗量限值由最大设计总质量和发动机排量作为参数，表3-1分别列出了汽油车和柴油车的情况。

表 3-1　轻型卡车燃料消耗量限值

最大设计总质量 M（kg）	发动机排量 V（L）	燃料消耗量限值（L/100km）
汽油车		
$M \leqslant 2000$	全部	7.8
$2000 < M \leqslant 2500$	$V \leqslant 1.5$	8.1
	$1.5 < V \leqslant 2.0$	9.0
	$2.0 < V \leqslant 2.5$	10.4
	$V > 2.5$	12.5
$2050 < M \leqslant 3000$	$V \leqslant 2.0$	9
	$2.0 < V \leqslant 2.5$	10.8
	$V > 2.5$	12.6
$M > 3000$	$V \leqslant 2.5$	11.3
	$2.5 < V \leqslant 3.0$	12.6
	$V > 3.0$	14
柴油车		
$M \leqslant 2000$	全部	7.0
$2000 < M \leqslant 2500$	$V \leqslant 2.5$	8.0
	$2.5 < V \leqslant 3.0$	8.5
	$V > 3.0$	9.5
$2050 < M \leqslant 3000$	$V \leqslant 2.5$	9.0
	$2.5 < V \leqslant 3.0$	9.5
	$V > 3.0$	10.5
$M > 3000$	$V \leqslant 2.5$	10.0
	$2.5 < V \leqslant 3.0$	10.5
	$3.0 < V \leqslant 4.0$	11.0
	$V > 4.0$	11.5

中国是继日本和美国之后全球第三个实施重型车（最大设计总质量>3.5公吨）油耗标准的国家。工信部于2011年年底发布了汽车行业标准《重型商用车燃料消耗量限值（第一阶段）》（QC/T 924—2011），自2012年7月1日起实施。该标准适用于最大设计总质量>3500kg的燃用汽油和柴油的商用车辆，包括货车、半挂牵引车及客车，规定了不同最大设计总质量的柴油

车对应的燃料消耗量限值，并规定汽油车限值是柴油车相应限值乘以 1.3。2014 年 2 月，国家质量监督检验检疫总局与国家标准化管理委员会联合发布了更加严格、更有约束力的国家标准《重型商用车辆燃料消耗量限值》（GB 30510—2014），于 2014 年 7 月 1 日实施。该标准适用于最大设计总质量>3500kg的燃用汽油和柴油的商用车辆，包括货车、半挂牵引车、客车、自卸汽车和城市客车，规定了不同最大设计总质量的柴油车对应的燃料消耗量限值（见表 3－2），相对于行业标准 QC/T 924—2011 有明显加严，并规定汽油车限值是柴油车相应限值乘以 1.2。

表 3－2　QC/T 924—2011 标准—重型柴油车燃料消耗量限值

货车（不含自卸汽车）		半挂牵引车	
最大设计总质量（GVW）（kg）	燃料消耗量限值（L/100km）	最大设计总质量（GCW）（kg）	燃料消耗量限值（L/100km）
3500 <GVW≤ 4500	13.0	GCW ≤18000	33.0
4500<GVW≤ 5500	14.0	18000<GCW≤ 27000	36.0
5500 <GVW≤ 7000	16.0	27000<GCW≤35000	38.0
7000<GVW≤ 8500	19.0	35000<GCW≤40000	40.0
8500<GVW≤ 10500	21.5	40000<GCW≤43000	42.0
10500<GVW≤ 12500	25.0	43000<GCW≤46000	45.0
12500<GVW≤ 16000	28.0	46000<GCW≤49000	47.0
16000<GVW≤ 20000	31.5	GCW >49000	48.0
20000<GVW≤ 25000	37.5		
25000<GVW≤ 31000	43.0		
GVW >31000	45.5		

其他标准包括交通运输部发布的《营运货车燃料消耗量限值及测量方法》（JT 719—2008），于 2008 年 9 月 1 日生效。该标准对最大设计总质量超过 3.5 公吨的所有营运货车皆有约束力，作为允许其上路的一个前提条件。表 3－3 给出了这一标准规定的柴油车燃料消耗量限值，汽油车的限值为相应限值乘以 1.15。

表 3-3　　JT 719—2008 标准—重型柴油车燃料消耗量限值

最大设计总质量（GVW）（kg）	卡车	自卸卡车	半挂汽车列车	
	燃料消耗量限值（L/100km）	燃料消耗量限值（L/100km）	最大设计总质量（GVW）（kg）	燃料消耗量限值（L/100km）
3500<GVW≤5000	11.3	11.2	GVW≤27000	35.1
5000<GVW≤7000	14.7	13.9	29000<GVW≤35000	35.9
7000<GVW≤9000	16.9	16.5	35000<GVW≤43000	38.0
9000<GVW≤11000	19.4	18.6	43000<GVW≤49000	39.0
11000<GVW≤13000	21.4	20.4		
13000<GVW≤15000	23.1	21.8		
15000<GVW≤17000	24.7	22.9		
17000<GVW≤19000	26.0	23.5		
19000<GVW≤21000	27.2	23.9		
21000<GVW≤23000	28.3	24.2		
23000<GVW≤25000	29.3	24.5		
25000<GVW≤27000	30.2	25.1		
27000<GVW≤29000	31.1	26.1		
29000<GVW≤31000	32.0	28.0		

3.1.2 货车排放标准

数据显示，2011 年，在道路运输污染物排放总量中，货车的一氧化碳排放比例为 36.8%，碳氢化合物比例为 41.2%，氮氧化物比例为 59.8%，颗粒物比例为 76.3%（见表 3-4）。车辆排放标准旨在控制汽车尾气中空气污染物的排放量，包括一氧化碳、碳氢化合物、氮氧化物和颗粒物。对于货车，欧盟、美国和日本分别制定了类似的排放标准，每隔 4～6 年收紧一次。此类标准使得过去 20 年间新车污染排放量显著下降。世界其他国家也已纷纷效仿欧洲或美国的排放标准。①

2011 年货车占车辆各类污染物排放比重，如表 3-4 所示。

① 《绿色物流：改善物流环境的可持续发展》，第二版，2012 年.

表 3－4　　2011 年货车占车辆各类污染物排放比重①

货车（公吨）	一氧化碳（%）	碳氢化合物（%）	氮氧化物（%）	颗粒物（%）
货车＞12	21.1	25.9	48.6	61
4.5≤货车＜12（不含低速货车*）	6.0	6.0	6.0	6.0
1.8＜货车＜4.5（不含低速货车）	9.0	8.6	4.5	8.6
货车＜1.8（不含低速货车）	0.7	0.7	0.7	0.7
总计	36.8	41.2	59.8	76.3

*低速货车是指设计车速＜70 公里/时、最大设计总质量≤4.5 公吨的柴油货车。

中国新乘用车及货车的排放标准参照欧洲相关标准，为国一、国二、国三、国四、国五标准。中国此前已参照欧洲相应排放标准并大约推迟7～8 年的时间采用相应的标准。表 3－5 是中国柴油车和汽油车排放标准的执行日期。

表 3－5　　中国车辆排放标准执行日期

阶段	标准	执行日期（型式核准）	执行日期（所有销售及登记）
柴油发动机			
国一	GB 17691—2001	2000 年 9 月 1 日	2001 年 9 月 1 日
国二		2003 年 9 月 1 日	2004 年 9 月 1 日
国三	GB 17691—2005	2007 年 1 月 1 日	2008 年 1 月 1 日(1)
国四		2010 年 7 月 1 日(2)	2013 年 7 月 1 日(3)
国五		待定(4)	待定(4)
汽油发动机			
国一	GB 14762—2002	2003 年 3 月 1 日	2003 年 7 月 1 日
国二		2003 年 9 月 1 日	2004 年 9 月 1 日

① 尹航，环保部机动车排污监控中心，在中美清洁商用车高峰论坛上的演示文稿，北京，2012 年 10 月 30—31 日．

续表

阶段	标准	执行日期（型式核准）	执行日期（所有销售及登记）
国三	GB 14762—2008	2009 年 7 月 1 日	2010 年 7 月 1 日
国四		2012 年 7 月 1 日	2013 年 7 月 1 日

（1）现有库存允许销售至 2008 年 6 月 30 日止。

（2）2011 年 12 月，国家环境保护部宣布，国三标准型式核准截止时间延长至 2013 年 6 月 30 日。

（3）该执行日期较原计划（2011 年 1 月 1 日）推迟了 30 个月。执行日期在 2010 年 12 月最初推迟 1 年时间，随后在 2011 年 12 月再度推迟 18 个月。

（4）标准原计划执行日期分别为 2012 年 1 月 1 日和 2013 年 1 月 1 日，但在 2011 年 12 月无限期推迟。

目前，全国范围内执行的是国三（类似于欧Ⅲ）标准。国三～国五的排放限值与相应的欧洲标准对比见表 3－7。① 中国的测试周期以欧洲测试周期为参考。北京历来带头执行车辆排放标准，紧随其后的是上海、广州和其他主要城市。表 3－6 总结了各地区提前执行重型车污染排放标准的情况。

表 3－6　　中国城市机动车排放标准

阶段	北京	上海	广州及其他城市
国Ⅰ	1999.1.1	1999.7.1	未实施
国Ⅱ	2003.1.1	2003.3.1	2005.7.1
国Ⅲ	2005.12.31	2007 年开始分阶段实施	2006.9.1
国Ⅳ	2008.7.1(1)	2009.11.1(1)	2016.6.1（广州及广东省其他 9 个城市）
国Ⅴ	2013.2.1	未实施	未实施
国Ⅵ	2016（已提议）	未实施	未实施

（1）仅适用于公共汽车和市政服务车辆。

① http://www.dieselnet.com/standards/cn/hd.php, and http://www.dieselnet.com/standards/eu/hd.php.

表 3-7 中国及欧盟重型车污染排放标准对比

标准	中国						欧盟							
	国三		国四		国五		欧 III				欧 IV		欧 V	
测试周期	ESC°+°ELR	ETC	ESC°+°ELR	ETC	ESC°+°ELR	ETC	ESC°+°ELR	ETC	ESC°+°ELR	ETC	ESC°+ELR	ETC	ESC°+°ELR	ETC
一氧化碳(g/kWh)	2.1	5.45	1.5	4	1.5	4	1.5	3	2.1	5.45	1.5	4	1.5	4
碳氢化合物(g/kWh)	0.66	—	0.46	—	0.46	—	0.25	0.65	0.66	1.6	0.46	1.1	0.46	1.1
非甲烷烃类(g/kWh)	—	0.78	—	0.55	—	0.55	—	0.4	—	0.78	—	0.55	—	0.55
氮氧化物(g/kWh)	5	5	3.5	3.5	2	2	2	2	5	5	3.5	3.5	2	2
颗粒物(g/kWh)	0.10/0.13+	0.16/0.21+	0.02	0.03	0.02	0.03	0.02	0.02	0.10a	0.16c	0.02	0.03	0.02	0.03
烟尘(1/m)	0.8	—	0.5	—	0.5	—	0.15	—	0.8	—	0.5	—	0.5	—

第四阶段车用汽油与车用柴油已经分别于2014年1月1日与2015年1月1日开始在全国全面供应，第五阶段车用汽柴油计划于2017年1月在全国全面供应。

3.2 替代燃料

为降低交通运输的污染排放，中国政府鼓励开发和运用替代燃料。政策扶持的替代燃料汽车包括：城市物流配送和城际货运中使用天然气车辆、混合动力汽车、生物质燃料资源丰富地区的生物质燃料汽车。

享受财政支持的主要替代燃料汽车为天然气汽车。2011年，交通运输部和财政部通过一般预算和车辆购置税设立专项资金，支持“十二五”期间公路、水路交通运输的节能减排，对实现节能减排目标以奖代补。

在2012年已经颁布的两批专项资金支持项目列表中，共计292个项目获得49500万元的专项资金支持。其中，涉及天然气在道路运输中应用的项目共36个，总奖励金额4535万元；涉及LNG的共16个，总奖励金额4544万元；涉及CNG的1个，奖励金额308万元；涉及燃气的2个，共奖励金额1197万元；涉及新能源汽车、清洁燃料汽车应用等5个标准制定的项目1个，奖励金额180万元。总计56个项目，占全部支持项目总数的19%，占奖励总额的22%。上组数字清楚地说明了，中央政府对在交通运输中发展和使用天然气、LNG等替代燃料的重视和扶持力度。

3.3 燃油效率技术和管理策略

虽然开发替代燃料车辆是解决汽车污染排放问题的一个必要手段，但柴油车的主导地位不会改变，现在和将来皆是如此。因此，实现传统柴油车的节能和减排非常关键。此外，《公路水路交通节能中长期规划纲要》提出了商用卡车的柴油化：到2015年和2020年，柴油消耗比例预计将分别达到85%和90%。此种发展趋势与欧洲的发展路径并不趋同，因为欧洲愈发认为

柴油燃烧是颗粒物排放的主要来源，会导致非常严重的疾病，甚至癌症。2012年年末，世界卫生组织已经证实，柴油车排放的颗粒物致癌。①

3.3.1 认证体系及运输节能产品推广目录

中国目前已有一套交通节能产品认证体系和一套营运车船节能产品（技术）推广目录。前者是交通部于2007年设立，由中国船级社和中国节能产品认证中心（CEDP）负责受理、审查和颁发《交通节能产品认证证书》。该认证属于自愿性产品认证。认证工作于2009年启动，目前认证范围中涉及车辆的只有车用添加剂。

后者是由交通运输部早在第七个五年计划时期起开始公布的营运车船节能产品（技术）目录。该目录为推广性目录，由企业自愿申请。交通运输部公布符合推广条件的营运车船节能产品（技术）目录并颁发"营运车船节能产品（技术）公布证书"。该目录在每个五年计划期间公布2～3批，目前已经公布的推广节能产品集中于燃油添加剂、节能型机油和节油装置（通过控制发动机的供油系统减少燃油消耗的装置），如表3-8所示，节能产品覆盖面小，节能效果也非常有限（1.5%～3%以内）。②

表3-8　　交通运输部营运车船节能产品（技术）推广目录

节能产品（技术）	"十一五"一首批③		"十一五"一第二批④		"十二五"一首批⑤	
	汽油车	柴油车	汽油车	柴油车	汽油车	柴油车
燃油添加剂	2	3	2	4	2	6
节能型机油	1		4		5	3
节油装置	2	1	6	6	3	3
总计	5	4	12	10	10	12
	9		22		22	

来源：中国绿色货运行动2012年项目报告

① http://press.iarc.fr/pr213_E.pdf
② 中国绿色货运行动2012年项目报告
③ http://jtjnw.mot.gov.cn/wenjiangg/200706/P020070621528689685120.doc.
④ http://www.mot.gov.cn/zfxxgk/JG010000/JG010300/JG010302/200907/t20090720_601672.html.
⑤ http://jtjnw.mot.gov.cn/wenjiangg/201106/P020110630306073890201.doc.

3.3.2 鼓励节能技术的政策

自《公路水路交通节能中长期规划纲要》发布以来，中央政府引导并支持节能技术的发展。

（1）子午线轮胎：中国目前的政策支持子午线轮胎的推广与应用。《公路水路交通节能中长期规划》显示，子午线轮胎代替普通斜交胎节能效果能达5%～10%，因此鼓励使用子午线轮胎汽车节能技术和产品的推广应用。工业和信息化部印发的《轮胎产业政策》设定了目标，旨在实现轮胎生产、流通和销售各环节经济实体的标准化，创建一个公平、统一的市场，并且建立轮胎召回体系，改善服务水平。[①] 该政策鼓励通过提升轮胎企业产能来推广应用子午线轮胎，因子午线轮胎安全、节能、环保。该政策规定到2015年，轻型车胎子午化率达85%，重型车达到90%。目前，国内大企业已开始使用子午线轮胎。但因其成本高、且对维修保养的技术要求高，因此对中小企业的吸引力不足。此外，政府也并未向应用子午线轮胎的企业给予任何财政支持。鉴于中国货运公司绝大部分为中小企业，若要实现上述目标，或需强制要求使用并/或出台激励措施提升子午线轮胎应用在经济上的可行性。

（2）导流罩：《公路水路交通节能中长期规划纲要》提出鼓励安装导流罩，改善空气动力性能，从而实现节油的目的。虽然规划提出了一些总体的推广措施，例如政策支持、项目示范和财政资助，但未具体阐明如何鼓励安装导流罩。但因其成本低，且节油带来的投资回报期短，仍有可能普及。新卡车普遍安装导流罩，卡车公司在用车的车主也愿意自掏腰包安装导流罩。

① http://www.eustandards.cn/2010/10/27/miit - release - tire - industry - policy/ 和 http://www.miit.gov.cn/n11293472/n11293832/n11293907/n11368223/13427688.html.

3.3.3 支持节能驾驶的政策

《公路水路交通节能中长期规划纲要》显示，通过提高驾驶员驾驶水平，可实现节能7%～25%。“十二五”总体交通运输发展规划提出了如下提升节能驾驶的政策：

（1）制定汽车节能驾驶技术标准规范，例如加速、刹车和怠速；

（2）编制培训教材和操作指南；

（3）积极推广模拟驾驶，强化公路运输企业节能驾驶的培训力度，全面提升汽车驾驶员的节能意识与素质；

（4）将节能减排意识和技能作为机动车驾驶培训教练员、汽车驾驶员、船员从业资格资质考核认定的重要内容和依据；

（5）到2015年和2020年，力争使节能驾驶培训普及率分别达到65%和70%以上，预期可使单耗同比2005年分别下降1.6%和2.1%左右。

2012年，交通运输部通过使用节能减排专项资金向四个应用模拟驾驶培训的试点项目提供了215万元。除了由上至下式的资金支持，2007年以来，交通运输部也宣传推广交通运输企业取得显著成效的节能减排优秀实践。2010年，交通运输部发布指导文件，提升并确立了优秀实践的挑选过程，如下图所示。目前为止，五批项目结果（每批包括20个项目）已在交通运输部网站上公布，并已印发。其中，两个项目特别关注节能驾驶。

> 交通运输行业节能减排示范项目挑选过程
>
> 项目包括：道路及水路交通、港口装卸、城市公共交通和出租车以及交通运输基础设施建设、维护和管理。

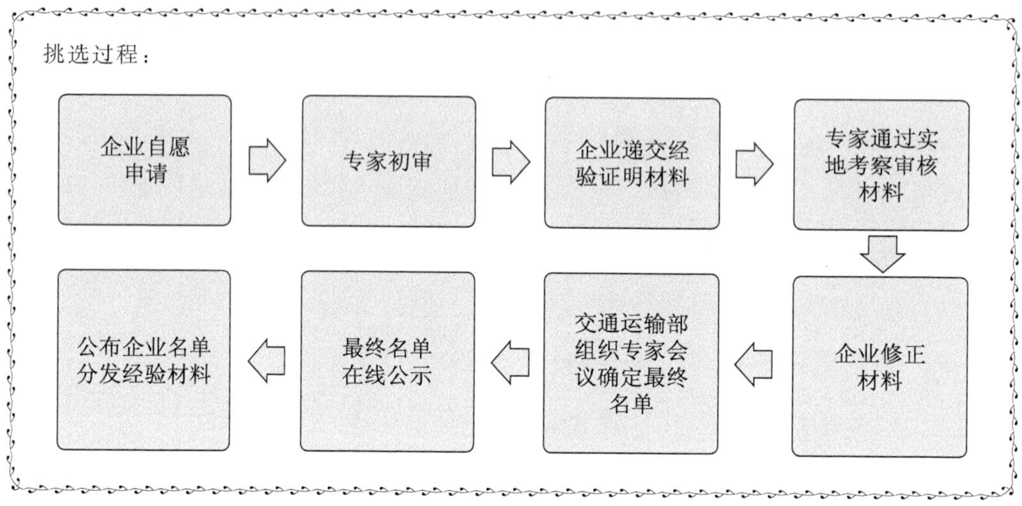

3.4 车辆淘汰机制

自1997年以来，中国就颁布了机动车强制报废标准规定，旨在对乘用车与商用车的使用年限和行驶里程加以限制。2012年，商务部、国家发改委、环境保护部和公安部共同颁布了最新的《机动车强制报废标准规定》。该规定从2013年5月1日起实施，之前所有的机动车辆强制报废规定作废。

2012年颁布的规定首次将强制报废与指导性报废区分开来。符合下列四种情形中一种或一种以上的货车必须报废：①达到使用年限（具体信息见表3-9，从登记日期算起）；②不符合机动车安全技术国家标准对在用车的有关要求；③在大气污染物排放或噪声方面不符合国家标准对在用车的要求；④连续三次无法通过机动车检验。指导性报废是指若货车的行驶里程已经达到某个规定的数值，这些货车则应报废（具体信息见表3-9）。

表3-9　机动车强制报废及指导性报废参考值汇总表

车辆类型	强制报废		指导性报废
	使用年限（年）	行驶里程参考值（万公里）	行驶里程参考值（万公里）
微型货车	12	50	50

续 表

车辆类型	强制报废		指导性报废
	使用年限（年）	行驶里程参考值（万公里）	行驶里程参考值（万公里）
轻型货车	15	60	60
重型货车	15	70	70
危险品运输货车	10	40	40
三轮、低速、单缸发动机货车	9	—	—
多缸发动机低速货车	12	30	30
专项作业货车	15	50	50

除强制报废外，中国在车辆排放控制方面还启动了绿标与黄标计划。向柴油车核发的绿标相当于国三排放标准或以上，向柴油车核发的黄标相当于国三排放标准以下。黄标车在城市中的通行被予以限制，具体时段由各个城市自行规定，以此促成这类汽车在达到强制报废条件之前报废。例如，自2009年起，北京禁止黄标车在六环内（包括六环）通行，这就意味着在北京无法使用黄标车。自2012年11月1日起，江苏省南京市禁止黄标车7：00—22：00点在指定路段通行。2012年10月发布的《重点区域大气污染防治"十二五"计划》要求规划中涵盖的三大核心地区与10大城市群在2015年之前逐步禁止黄标车在主要城区内通行。① 此外，2015年前淘汰2005年前登记的黄标车，同时三大地区（京津冀、长三角、珠三角）必须淘汰所有其他黄标车。

地方政府对早于法定要求淘汰的黄标车提供了补贴。例如，从2009—2010年，北京对淘汰的黄标车提供的补贴总额高达5亿元，其中每辆汽车可获得的补贴最高可达25000元（约合4100美元）。但这一补贴政策已在2011年废止。据估计，根据《重点区域大气污染防治"十二五"计划》启动的黄标车淘汰项目将花费940亿元。

① 三大地区及10大城市群总共涵盖125座城市，占中国城市总数量的19%。

3.5 挑战与差距

挑战与差距包括制度挑战、政策挑战和与国际实践之间的差距。

3.5.1 制度挑战

货车管理由多个不同部门负责。这些部门之间的指令存在冲突，同时各部门之间以及各部门下属机构之间的协作不足。这导致了发展和引入燃油经济性标准方面的滞后与含糊，以及更为严格的新车废气排放标准实施的延后，从而可能影响有助于达标的先进技术的发展和应用。以下是相关内容的详细解释。

1. 燃油经济性标准

工信部肩负支持汽车工业发展的职权，审批新货车类型的制造与销售。该部门同时也具有制定燃油经济性标准的重要权力。交通运输部负责中国的商用货车运营，虽然燃料消耗量并不在其职权范围内，但是降低燃料消耗量和废气排放却关乎交通运输部的利益。因此，工信部与交通运输部应联合制定燃油消耗量标准，并将同样的标准运用到审批新货车类型上。这不仅在制度方面是可行的，同时也能向货车与发动机制造商、技术供应商和采购货车的相关企业提供明确信息。

但事实并非如此。2009 年，交通运输部颁布了《营运货车燃料消耗量限值及测量方法》（JT 719—2008），并将之作为道路运输许可证申请评估的标准之一，该许可证是货车上路的必要条件。之后，工信部也制定了自己的一套行业标准：《重型商用车辆燃料消耗量限值》（QC/T 924—2011），并将之作为唯一的行业标准来执行。

两种标准并行的情况给市场带来了不确定性，尤其是这两种标准在几个

方面存在着差异：[1]

（1）对于货车和半挂牵引车来说，两种标准规定的燃料消耗量限制所基于的车辆最大设计总质量的分类标准不同；

（2）而对于相同重量的车辆，两种标准所列出的燃料消耗量限值也不相同；

（3）由于两种标准采用了不同的测试方法，因此无法直接比较其严密性；

（4）工信部颁布的标准并未涵盖自卸卡车，而交通运输部的标准则对自卸卡车做出了规定。

2. 车辆排放标准

由于车辆排放与燃油质量之间存在相互联系，因此基于两方面协调制定标准至关重要。环境保护部制定了重型货车车辆排放标准，但并未制定重型货车燃油标准。现行的汽油车与柴油车标准是由中国国家标准化管理委员会下属全国石油产品和润滑剂标准化技术委员会提出、由中石化（中国石化集团）的石油化工科学研究院与中石油（中国石油天然气集团公司）的石油化工研究院共同起草。环境保护部与全国石油产品和润滑剂标准化技术委员会必须通过紧密合作以确保市场上相应质量的燃油能够符合汽车排放标准。

达标燃油的供应是车辆排放标准得以执行的重要决定因素。环境保护部在其官方公告中表明，缺少国四标准的燃油供应是延期执行国四标准的原因。燃油供应管理并非环境保护部的职责，而属国家发改委的职权范围。国家发改委监督并规范两大国有石油公司（中石化和中石油）的市场行为，从而监督和规范中国零售油品市场的供应情况。国家发改委有责任确保特定排放标准燃油的市场供应，并确保加油站不得供应不达标的燃油。

另一个挑战就是加油站中除车用柴油外仍然供应普通柴油，而普通柴油

① http：//transportpolicy. net/index. php? title=China：_Heavy-duty：_Fuel_Consumption.

中的硫含量显著高于同期车用柴油，根据《普通柴油标准（GB252－2015）》，2017年6月30日前，普通柴油硫含量不大于350ppm；2017年7月1日开始，硫含量不大于50ppm；2018年1月1日开始，含硫量不大于10ppm。这就存在卡车也可能使用普通柴油的风险，进而无法达到车辆排放标准。

3.5.2 政策挑战

替代燃料

虽然政府政策大力扶持天然气货车，并提供财政支持，但广泛推行仍然困难重重。在中美清洁商用车高峰论坛上（2012年11月，北京），来自货车与发动机制造商的代表们表示已经开始制造天然气发动机及货车。但是，各物流公司在采访中指出，由于缺少天然气供应基础设施，他们还是不会选择天然气卡车用于货运。首先，城市中现有的天然气加气站主要面向客车和出租车，而非货车。其次，高速公路沿线不设有天然气加气站，而一箱天然气最多能够支撑汽车运行500千米，这无疑给长途货运带来巨大挑战。要推广天然气货车，投资和政府政策都必须转向支持扩大城市和高速公路沿线货车天然气加气站的基础设施建设。

各专家在采访中表达了另一个忧虑，即虽然使用此类替代燃料汽车能够在货运运输过程中大幅减排，但是在更加广泛地推广天然气汽车之前，必须将天然气汽车的生产、使用和报废的生命周期评价纳入考虑范围。

3.5.3 与国际政策实践之间的差距

1. 燃油经济性与排放标准

在追求更高排放标准的过程中，会产生一定的燃油效率损失。要符合欧Ⅳ、欧Ⅴ和欧Ⅵ标准，很多货车制造商倾向于选择性催化还原（SCR）作为尾气排放控制技术，这种技术需要更多的AdBlue尿素溶液。这就意味着相应建立配送网络，同时由于需要额外安装一个油箱，增加了车辆重量，也会增加成本。在将标准升级至相当于欧Ⅳ或欧Ⅴ排放标准的过程中，中国将会

遇到该问题，因此，交通运输部、工信部和环境保护部在制定下一阶段的重型货车燃料和车辆排放标准前，必须展开切实的合作，将这一因素纳入考虑范围。欧盟、美国及其他发达国家在此方面具有相关经验，涉及的许多私营部门企业也在中国开展相关业务。

2. 卡车技术认证

相比之下，SmartWay项目在美国国家环境保护局的支持下已经实施了综合可靠的卡车技术认证体系。美国国家环境保护局通过拨款、合作协议、排放和燃油经济性测试、示范项目及技术文献评估已经评估了多种装置的节油效益。如此一来，美国环境保护局就能够在四个技术方面认证技术的燃油、成本和减排效果。如图3-1所示，这四个方面分别是怠速降低、低滚动阻力轮胎、空气动力学设备及排放控制改装。[①] 该认证方法可以向用户证明，这些技术将会实现可计量的减排，并帮助用户在了解情况后做出决策。

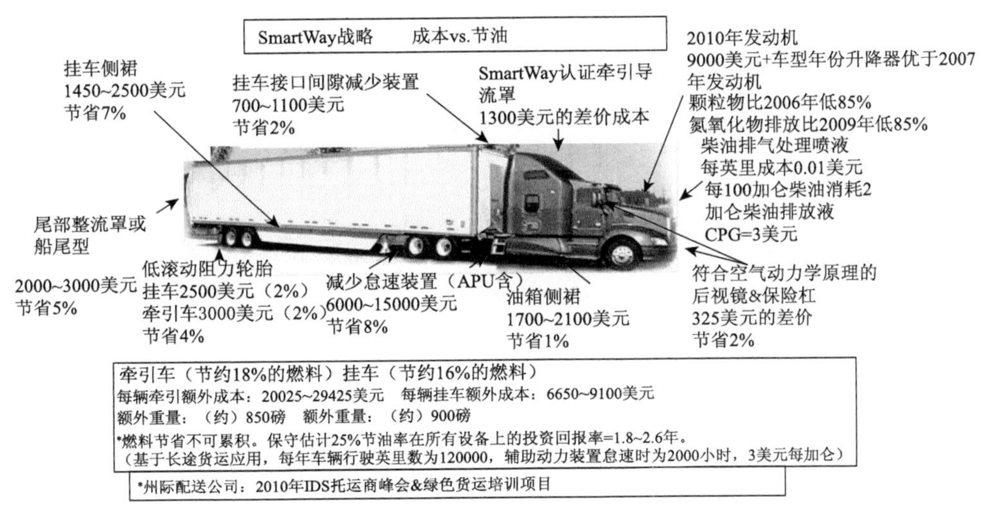

图3-1　通过美国SmartWay项目验证的技术

来源：B. Polovick，美国国家环境保护局，《SmartWay交通运输伙伴关系——货运可持续性项目的设计、建造及执行》，在2011年5月23—24日北京中国绿色货运专题研讨会上的演示文稿

① 亚洲清洁空气中心，2011年，中国绿色货运项目设计：项目设计报告，及技术认证评估分项报告。http：//cleanairinitiative. org/portal/projects/GreenFreightChinaProgram

表 3－10　中美技术验证及认证体系比较

	美国国家环境保护局 SmartWay	中华人民共和国交通运输部	备注
负责部门	SmartWay 项目	政策法规司	
范围	技术 · 减少怠速技术 · 空气动力学技术 · 低滚动阻力轮胎 · 改装技术 重型货车	· 仅清洁燃料、添加剂以及其他一些节油的发动机电子装备等 · 所有类型的商用车及商用船，以及港口和道路设施	交通运输部的验证技术类别更窄，同时不包含 SmartWay 体系中的类别。
关键测试方法	· 暂行测试方法方法——《TMC/SAE 能耗测试步骤修正——第二类》（SAE J1321 道路车辆推荐实践）（1986 年 10 月） · 测试方法《SmartWay 中重型车辆能效测试方法》工作方法	· JT/T 306—2007《汽车节油产品适用技术条件》 · GB/T 14951—2007：《汽车节油技术评定方法》	交通运输部必须为更多的技术类别建立具体的测试方法方法。
标识	US EPA Certified SmartWay	交通产品认证 节能 （交通运输部 及中国交通产品认证中心）	

来源：亚洲清洁空气中心，基于美国国家环境保护局和中华人民共和国交通运输部提供的信息

根据与美国国家环境保护局 SmartWay 的验证/认证体系的对比，交通运输部（及中国交通产品认证中心）可以在以下几个方面做出改进：

（1）扩大节能技术类别：交通运输部（及中国交通产品认证中心）未来应该在其验证/认证类别中纳入更多的技术。应将诸如减少怠速的技术、空气动力学技术、低滚动阻力轮胎等技术纳入考虑范围。此外，某些减排而不节能（某些技术可能会提高燃料消耗量）的改装技术（如柴油颗粒过滤器）并未纳入交通运输部的首要考虑范围之内。但是，未来这些技术应该纳入技术认证范围并应用于中国的车船。

（2）细化测试方法：交通运输部目前的测试方法太过于宽泛，这也是造成技术验证/认证类别过于狭隘的部分原因。值得注意的是交通运输部和中国交通产品认证中心已经着手制定具体节能技术类别的详细测试方法。

（3）财政激励及市场机制：美国政府实施了一项财政激励项目，旨在鼓励运输队采用 SmartWay 的验证/认证技术（http：//www.epa.gov/smartway/financing/govt－funding.htm）。例如，在购买新货车时，部分经过 SmartWay 认证的怠速降低设备可以享受联邦消费税减免。

（4）相关利益方参与：交通运输部、环境保护部、国家发改委及其他机构之间的协作以及政府部门、企业、开发机构、民间团体之间的合作能够推进验证技术的应用。

（5）公众识别：交通运输部开了个好头，通过使用“推荐/认证列表”和节能认证标签来促进节能技术的应用。但是在改善行业形象、加强品牌建设等方面还有待提高，例如，可以采纳吸引力和识别度更高的标签，并公布案例研究的资料等。

3. 环保驾驶

英国在环保驾驶方面的经验是在实践中启用电子驾驶员监测系统和设计激励方案，因为没有这些系统和方案，驾驶培训的效果或将很快消失。但英国在货车模拟器的应用方面并不划算，教训是货车模拟器十分昂贵，但与实地培训相比，额外益处不大。①

4. 车辆淘汰机制

在欧洲、美国和日本，强制性车辆报废机制几乎不用。香港也实行包括货车在内的车辆报废方案（见下页方框）。有别于固定年限淘汰机制，进行车辆测试并仅淘汰没有达到规定能效和排放标准的车辆或可效果更好：既停止使用未达标的旧车辆，又不浪费车辆。由于未来将执行不断收紧的排放标准，车辆将变得更加清洁——中国的政策制定者必须考虑到这一事实。按照这种发展趋势，按照固定使用年限强制淘汰并不是最优办法，也会危及那些能够达到现行标准、没有必要淘汰的车辆。

英国的研究表明，为企业提供财政补贴以报废旧车辆将会耗费大量的

① 由参与研究的国际专家提供。

资金，同时可能无法让政府资金用于性价比更高的“绿化”货车队伍的措施。①

香港车辆报废方案

在香港，数量庞大的货车排放大量的颗粒物及氮氧化物。第一阶段的报废方案从2007年4月持续至2010年3月，报废欧盟标准之前的或欧Ⅰ标准商用柴油车。该方案向货车和客车车主提供了32亿港元（约合4.5亿美元）的预算，占新登记车辆年度平均车辆计税价格的12%～18%。该方案共涉及17000辆汽车，占比29%。

方案的第二阶段旨在淘汰无法达到欧Ⅳ标准的80000辆商用柴油车，该阶段共包含三个步骤。第一，2016、2017及2018年后分别不再新发欧Ⅰ前、欧Ⅱ前和欧Ⅲ前商用柴油车执照。第二，为减轻货车及客车车主的资金负担，政府将提供100亿港元（约合13亿美元）的预算以帮助车主置换新货车和客车，该预算可帮助置换车辆的车主获得购买新车成本18%～30%的补贴。选择不置换新车而直接淘汰旧车的车主则会获得相应的补贴。第三，新注册的车辆在使用15年后需强制退出市场。

来源：《香港清新空气蓝图》2013年3月

http：//www.scmp.com/news/hong-kong/article/1134648/transport-operators-make-demands-over-plan-scrap-old-diesel-trucks

① 由参与研究的国际专家提供。

4 政策：货运运输减排策略

实行更优的物流管理能够实现道路运输活动方面的节能减排。“十二五”期间，为解决城际货运交通运输中的车辆空载问题，中国政府颁布了支持甩挂运输实践（使用铰接车）和物流信息平台的政策。在城市货运方面，中国政府于2013年年初发布了一项指导性文件，旨在为如何推进城市货运以应对货车活动、停泊和装卸方面的难题提供指导。本章将讨论上述提高货运物流效率的主要政策。本章中分析的政策请参见附录C中的表C-3。

与道路货运物流相关的主要部委为交通运输部、国家发改委和商务部。总体物流管理需要多个部委的参与。交通运输部负责货运物流，但物流管理需更加广泛的协作。因此，国务院于2005年批准建立物流工作部际联席会议，包括：

（1）13个中央政府部委，它们分别是：国家发改委，商务部、铁道部（现已划入交通运输部）、交通运输部、工信部、中国民用航空局、公安部、财政部、海关总署、国家工商行政管理总局、国家税务总局、国家质量监督检验检疫总局、国家标准化管理委员会；

（2）两个协会：中国物流与采购联合会、中国交通运输协会。

该联席会议每年举行一至两次，旨在了解国家物流发展的总体情况，分析发展挑战，并调整现代物流发展的计划、战略及政策。

4.1 城际货运物流

据中国媒体最近的一篇报道指出，中国有超过40%的货车存在城际道路货运空载的问题，货车的平均装卸时间为72小时。[①] 如何降低车辆空载、提高货车效率，从而实现节能减排成为了中国政府的一个主要任务。

4.1.1 甩挂运输（铰接式卡车）

自“十一五”以来，中国一直支持使用铰接卡车或“甩挂”运输。《公路水路交通节能中长期规划纲要》要求到2015年和2020年，力争使拖挂甩挂运输承运的公路货物周转量比重与2005年相比分别达到12%和15%以上，预期可使单位耗能同比2005年分别下降1.2%和1.8%左右。

为推进中国甩挂运输的发展，各部委分别颁布了多个重要政策文件。首先，交通运输部联合其他相关部委与2009年颁布了一项管理文件，要求清理实行甩挂运输过程中的障碍，包括降低挂车检测频率；调整挂车保险费、改善/调整甩挂运输车辆的海关监督体系；改进/调整针对甩挂运输车辆的收费；标准化牵引车和挂车；推进挂车许可证管理；鼓励交通运输公司扩大交通运输网络；鼓励物流公司加强合作。

其次，交通运输部和国家发改委于2010年建立了一项方案。该方案为甩挂运输试点企业提供了中央政府和地方政府的财政激励措施，包括：

（1）针对甩挂运输试点企业的专项资金及补贴，包括：①甩挂运输装卸平台；②甩挂运输站点及道路；③装卸设施、标准感光板及支持设备；④信息系统和操作平台；⑤由交通运输部推荐的挂车和牵引车；⑥配备甩挂运输基础设施和设备改装能力的终端枢纽；

（2）降低高速公路收费，包括：①降低针对厢式货车及密封重型货车的收费；②向长期运营方发行往返票或年度折扣票。

（3）地方政府向试点企业提供财政支持，包括：①提升挂车和牵引车；②发展并提升甩挂运输站点、信息系统设备和技术。

随后，交通运输部于2012年年初发布了《第1批公路甩挂运输推荐车型》，包括了来自11家汽车制造商的16种车型，并提供推荐车型收费优惠政

---

① 新华网：http：//news. xinhuanet. com/mrdx/2014－03/06/c_ 133162904. htm

策。2012 年 4 月，交通运输部和财政部共同颁布了一项政策，为购买交通运输部推荐的牵引车和挂车提供补贴。

根据交通运输部的统计[①]，26 项试点项目和 40 个甩挂运输站点已经启动，企业共购买 4225 辆新型牵引车及挂车，其中 83%为推荐车型；用于试点项目的车辆总数达 9453，开放的甩挂运输路线总数超过 130，覆盖了 20 多个省市。2011 年，与传统交运输模式相比，甩挂运输的单位成本降低了 10%～20%，公路货物周转量单位能耗降低了 15%～20%。在 26 个试点项目中，柴油节约量相当于 10 万吨标准煤，减少二氧化碳排放量 22 万吨。

4.1.2 物流信息平台

建立物流信息平台是优化中国货运活动的另一项政策，使得需要运输货物的企业能够在线找到货运车辆。

物流信息平台的工具/要素通常包括：在线货运信息共享平台，这些平台通常实行订阅制，并征收低廉的广告（发布）和搜索（咨询）费用；支持在线聊天窗口的货运信息交流软件；货运地图；当地法律法规数据库；货运公司目录；承运人评级系统和可靠承运人验证/认证；交通路线策划和债务管理。[②]

《物流业调整和振兴规划》将加强物流信息等级作为 2009—2011 年发展物流业的主要任务之一。具体措施包括：制定物流信息技术标准和信息资源标准，建立物流信息采集、处理和交换共享机制；加快行业物流公共信息平台建设，建立全国性公路运输信息网络和航空货运公共信息系统；推动区域物流信息平台建设，鼓励城市间物流平台的信息共享；扶持一批物流信息服务企业成长。

2011 年 8 月，国务院颁布的《关于促进物流业健康发展政策措施的意

---

① 冯正霖，“深入开展公路甩挂运输试点，加快推动道路货运转型升级”，《运输经理世界》，2012 年第 6 期。

② 联合国区域发展中心和亚洲清洁空气中心（CAA），2011 年．“绿色货运最佳实践——为了实现环境可持续的亚洲道路货运运输”。

见》为物流业的发展提供了支持措施。在物流信息平台方面，该政策指出，要通过加强自主研发来支持物流信息平台的技术攻关；地方各级人民政府对物流企业的物流信息平台建设要积极给予扶持；推动区域内物流基础设施和信息平台等共享共用。

中国现有三大物流中心（京津唐地区、珠江三角洲和长江三角洲）。此外，中国还拥有七大新兴物流中心，其中包括三个快速发展的沿海物流中心（辽宁中部和南部、山东半岛、台湾海峡西部地区）和四个其他新兴内陆城市物流区域［山西中部，以河南为中心的中央平原地区，以湖北为中心的长江流域中游区域（包括湖南的岳阳河港，但不包括长沙），以及四川—重庆地区］。

示例：河南省安阳市现代物流信息发展有限责任公司

该公司成立于2006年，提供物流信息交换服务及其他增值服务，帮助了安阳市的货车公司把空载里程百分数从2006年的53%降到了2008年的38%。安阳市共降低了约1.375亿公里的总货运空载里程，节省了2750万升燃油（相当于1.65亿元）。该平台将业务扩展至全省以来，每月的成交业务数量超过50000，平均每月减少了4390万公里行驶里程、880万升燃料和5270万元（约合820万美元）。①

4.2 城市货运物流

2013年2月，交通运输部联合公安部、国家发改委、工信部、住房和城乡建设部、商务部和国家邮政局共同向七部委的对应下属部门颁布了一份管理性文件，为推进城市配送提供了指导意见。文件中明确说明配送车辆通行难、停靠难、装卸难等问题在一些大中型城市表现突出，严重影响了城市配送效率，增加了物流成本。为解决这些难题，该文件提出了力争在五年内基本建立起职能明确、运转高效、监管有力的城市配送管理体制和运行机制的

① 该案例援引自联合国区域发展中心和亚洲清洁空气中心（CAA），2011年．“绿色货运最佳实践——为了实现环境可持续的亚洲道路货运运输”，资料来源：http：//www.8glw.com/.

总体目标。

为实现总体目标，该文件在政策领域为推进城市配送提供了指导意见，见表 4－1。

表 4－1　　推进城市配送的指导意见

政策领域	指导意见
完善管理体制	·明确中央和地方各部门在城市配送工作中的职能 ·地方政府发挥主导作用，建立地方协调管理机制
发挥规划引领作用	·城市规划部门应联合有关城市配送管理工作的 7 个部门制定城市配送发展规划 ·要将城市配送发展规划纳入城市总体规划，并做好与土地、商业、交通、物流、快递等相关规划的衔接
提升基础设施保障能力	建设城市配送通道及节点接触设施 ·完善停车和装卸作业设施 ·建立完善城市配送交通影响评价标准和管理办法，将城市配送交通影响评价作为城市道路、商业区、居住区和大型公共场地等新建、改（扩）建项目在规划阶段申请审批的强制性要求
加强运输市场管理	·推动城市配送车型标准化 ·建立城市配送企业许可体系 ·规范城市配送出租企业的行为 ·为城市配送企业和快递企业建立诚信考核体系
优化通行管理措施	·通过许可体系管理车辆通行，舒缓高峰时段城市道路的负荷 ·为城市配送车辆提供更多停靠区域
加大执法监督力度	·在整个物流流程中，清理现行的不必要和不合法的收费 ·通过城市配送价格监管引导合理价格的形成 ·严肃查处违法行为 ·落实物流企业交通安全主体责任
加快科技推广应用	·鼓励和引导物流企业通过集中存储、统一库管、按需配送、计划运输的方式整合资源、降低物流成本，提升物流效率 ·鼓励在城市配送中使用先进的技术和设备 ·加快城市配送信息平台建设
加快组织落实	·地方政府应该在组织城市配送发展中发挥统一领导作用 ·开展示范工程 ·在全国现代物流工作部际联席会议制度框架内对有关部门的工作进行督导考核

来源：《关于加强和改进城市配送管理工作的意见》

4.3 挑战与差距

4.3.1 制度挑战

要提高货运效率，城际和城市货运都面临着制度挑战。各部委政策优先级别不同、职责不同，导致政策冲突、错位或是失效，如下列三例：

不同部委的不同工作重点导致政策错位。在城际货运交通运输方面，交通运输部提倡全挂货车、双挂货车或汽车列车等大型货车，因为这些货车的单次运载量更大。但是，公安部出于道路安全考虑，目前禁止全挂货车、双挂货车和汽车列车使用高速公路。公安部与交通运输部的会议发出明确信号：公安部本会支持交通运输部的观点，但尚无严密的研究，对大型货车的道路安全性做出论证。

工信部和交通运输部之间职责或利益的冲突造成了采用甩挂运输实践所需的牵引车和拖车类型标准化的延后。2012 年，交通运输部发布了两批推荐车型，并为购买推荐车型提供了财政激励。但是，目前在制造和销售方面，在全部 3000 种通过工信部审批的货车类型中，仅有 80 种牵引车和挂车类型列入推荐车型。交通运输部的推荐车型仅仅是推荐，这就意味着新型货车的制造商能够自行选择是否遵循该规格。工信部尚未对甩挂运输的牵引车和挂车标准化颁布任何统一参数。

在城市和运输规划方面，政府部门和有关机构对货运的关注度不如客运。由于城市物流涉及的有关部门高达 15 个，监管不足和复杂度使得货运管理成为城市的一个主要挑战。因此，2005 年，我国建立了全国现代物流工作部际联席会议制度。但是，中国的超大城市和大型城市正在经历快速的城市化进程，同时要确保新型的城市经济，城市货运仍然是中国超大城市和大型城市的一个巨大挑战。在这一背景下，交通运输部联合六部委共同向对应地方部门颁布了《关于加强和改进城市配送管理工作的意见》，旨在号召地

方政府在城市货运中发挥领导作用，联合所有有关部门，建立一个协调管理机制。当下要看到地方政府各部门之间在解决城市货运问题中的合作成效尚为时过早。

4.3.2 政策挑战

1. 甩挂运输（铰接卡车）

作为降低车辆空载方面的关键政策，甩挂运输（使用铰接卡车）在实施过程中遇到了一些问题。例如，截至2012年年底，辽宁省通过在8个县市使26家企业参与甩挂运输实践取得了骄人的成果，甩挂运输载重量占道路货运总载重量的0.67%。但是，拖挂比（挂车与牵引车的平均比例）仅为1∶1.35，大大低于国际最佳实践的1∶3。[①] 在政策方面，这些问题必须得到进一步的解决。

（1）车辆标准化：必须对牵引车和挂车进行标准化，以让牵引车和挂车适用于甩挂运输实践。根据专家采访，对牵引车和挂车进行标准化的最佳方法是通过修订《道路车辆外廓尺寸、轴荷及质量限值》（GB 1589—2004）。[②]

（2）责任制度：由于尚无法规明确规定在其他公司的牵引车运输过程中挂车和货物丢失的责任归属，因此物流公司对于采用需要其他公司参与的甩挂运输实践仍然踌躇不定。

（3）挂车使用成本：由于目前针对牵引车和挂车的登记和保险是分离的，因此同时使用牵引车和挂车的货车成本很高。因此，货车公司倾向于选择牵引车和挂车合一的小型货车。即使颁布的政策明确指出要清除甩挂运输的障碍，但是这些政策并不是强制性的，造成了甩挂运输贯彻不力。

（4）货运站点无法满足需求：首先，满足甩挂运输的货运站点过少。其次，货运站点通常远离货物资源和市场，与周遭交通网络的连接有限。再

① http://www.moc.gov.cn/xinxilb/xxlb_fabu/fbpd_liaoning/201301/t20130122_1358210.html.

② http://zbs.miit.gov.cn/n11293472/n11295142/n11299183/14872991.html.

次，现有货运站点过小，装备不良，无法提供甩挂运输所需的服务。①

2. 物流信息平台

中国现有的物流信息平台主要是私有信息交换平台。在采访中，物流企业表示，他们并不完全信任这些平台提供的信息，并对欺诈行为、货物丢失的责任归属同样感到忧虑。

4.3.3 与国际政策实践之间的差距

即使欧洲几十年来对使用铰接卡车的“甩挂运输”采用了标准实践，车辆空载的比率仍然很高（大约为货车运送距离的27%）。因此，有必要采取其他措施来补充该政策，如使用装载匹配服务（也指“在线货运信息共享”）。中国仍可以扩大试点项目，推进范围更广的物流方案，包含货运集散中心、小型货运公司合作和进行车队燃料管理等，来弥补当前与国际先进水平的差距。②

1. 货运集散中心

货运集散中心是指整合不同供应商供货、出发地和目的地相同的货物的地方。货运整合能够提升效率，减少上路车辆。中国在数个城市进行了集散中心试点项目。大多数的货运中心项目由于设计不当、成本较高、地理位置不佳、关键利益相关方的参与积极性不高等因素，均以失败告终，仅有小部分项目获得成功。③

伦敦建筑材料集散中心（LCCC）就发挥了配送中心和送货服务区的作用，该中心根据建筑工地承包商的送货要求为伦敦中心的四个主要建筑项目提供建筑材料。该中心占地5000平方米，距各个建筑工地大约40分钟的路程。货车队伍由六种不同规格的货车组成，以承担不同载重量的运输任务。

---

① http：//www.cvworld.cn/zjlcp/zjlc82－20120320/.

② 摘自联合国区域发展中心和亚洲清洁空气中心（CAA），2011年．“绿色货运最佳实践——为了实现环境可持续的亚洲道路货运运输”http：//cleanairinitiative.org/portal/projects/ESTForums.

③ 请见 http：//webarchive.nationalarchives.gov.uk/20110505121228/http：//www.freightbestpractice.org.uk/london－construction－consolidation－centre－tool.

所有的货车均配备 GPS 追踪和远程信息处理系统。监控调查显示，送货准点率将近 96%，降低了 74%的二氧化碳排放，同时缓解了伦敦中心周围 70%的建筑材料交通运输压力。但是，由于成本原因，LCCC 已经关闭多年。节能和环保方面的成果并没有转化为利益相关者所追求的实际收益，因此降低了他们为集散中心提供成本支持的意愿。不过，一家名为威尔逊·詹姆斯（Wilson James）的公司仍然在运行商业化的建筑材料集散中心。[①] 20 世纪 90 年代至 21 世纪初期，整个欧洲曾运营多个城市货运集散中心，但大多数中心都因为高成本而走向失败（城市用地过贵，向供应链增加转运运营的成本也十分高昂）。[②]

值得注意的是，大多数欧洲国家和北美现存的集散中心均由大型零售商建立，这些零售商把他们的物流控制延伸回供应链。这种做法实现了商店供应配送的合理化，同时降低了城市集散中心的必要性。欧洲最成功的城市集散中心行动之一 Binnestadservice（"城内服务"）便是与多个零售商、小型利益相关者和制造商展开合作。现在，Binnestadservice 以连锁经营的方式覆盖荷兰 12 个城镇。[③] 不同供应商的所有货物均被送到该集散中心，再由集散中心一次送至城市中心的零售商处。这么一来，零售商便只需在预计的时间接收一次货物，从而给接待客户和运营商店留出更多的时间。此外，回程装载包括塑料和纸板垃圾的回收，减少了垃圾车的必要性，也降低了零售商在垃圾回收方面的成本。城市中心的货运交通压力也得以缓解。由于该服务的送货货车均以天然气或电力为动力，空气污染和噪声也相应地降低。更重要的是，在 2008 年启动该项目以后，该项目在能够进行独立运营之前仅需一年的补贴。这就意味着若设计和运营得当，物流集散中心在财政上是可行的。

---

① http://www.wilsonjames.co.uk/logistic-support-services/logistics/consolidation-centre-services.

② Leatitia LeBlanc，学术交流。

③ http://www.binnenstadservice.nl/english.

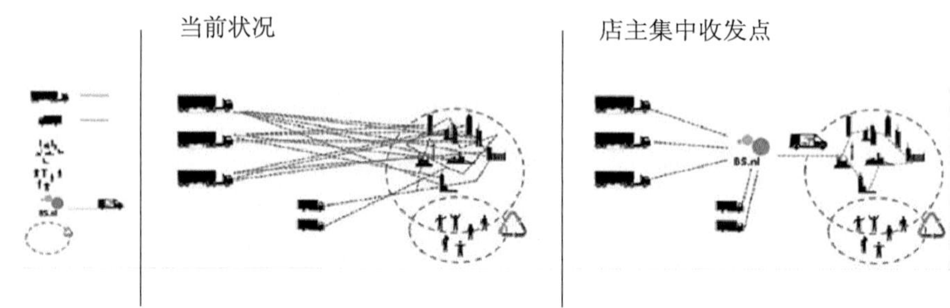

图 4－1　荷兰城市货运集散中心在提升物流水平方面的成效

来源：《走向城市货运集散中心网络：Binnenstadservice 的经验》Quack，H. 及 Hendriks B. 著，2008 年①

2. 小型货运公司合作

小型配送/货运公司愈来愈难以同大型运营商相抗衡，尤其是在获取高额合同方面。进行竞争的一个方式便是以货运联盟的方式团结力量，可以让中小型企业集中资源和优势，从而获得并运营金额更高、利润更大的物流合同。② 中国的道路货运业高度分散，小型运营商可以组合成联盟来增加回程运载率，降低车辆空载，提高车队利用率，增加赢得与大型运营商的竞争的胜算。这一方式的主要特点是整合车队管理、信息共享、设施共享和利润共享。③ 中国中央部委可以贯彻相关政策以推进货运公司合作的形成。对于城市区域，上述城市货运集散中心亦是恰当的模式。

示例：货运公司合作——英国维斯贝奇道路运输有限公司（Wisbech Roadways Ltd.）

在英国维斯贝奇道路运输公司的案例中④，该公司通过联合货运公司形成联盟，从而获得了大量利益，具体数字见下表。参照英国国家平均水平，这一最佳实践大大地增加了车辆运载量，降低了车辆空载和一般性重量因素。

① http：//www. bestfact. net/download/12 _ 06 _ 21 _ Amsterdam/Cluster1/BESTFACT _ Amsterdam _ Cluster1 _ 12 _ 06 _ 22 _ TNO _ BINNENSTADSERVICE. pdf

② 英国交通部最佳实践项目：案例分析——合作伙伴带来的利润（2006 年）http：//www. freightbestpractice. org. uk/case－studies.

③ 请见 http：//webarchive. nationalarchives. gov. uk/20110505121228/http：//www. freightbestpractice. org. uk/profit－through－partnership.

④ 英国交通部最佳实践项目：案例分析——合作伙伴带来的利润（2006 年）http：//www. freightbestpractice. org. uk/case－studies.

关键性能指数	维斯贝奇道路运输有限公司	全国均值
车辆运载量	85%	69%
车辆空载	16%	19%
重量因素均值	82%	53%

3. 车队燃料管理

车队燃料管理是监督和管理燃料消耗量和库存的一个方法。该方法适用于交通运输的任何行业，包括铁路、道路、水路、航空运输在内。这是提高车队燃油效率的一个有效方法。车辆路径优化软件、无线电频率识别标签（RFID）和全球定位系统（GPS）等技术工具能够为车队的燃油管理提供支持，从而对减少车辆行驶里程、油耗和排放作出贡献。

车队燃料管理战略具有效果直接可见、投资相对低廉和性价比高的特点，可被小型公司采纳。采用的措施不同，车队燃油管理的效益也会不同，如图 4－2 所示①，该战略对二氧化碳减排作出的贡献为每 100 吨公里降低 0.3%～10%不等。在所有的措施中，路径规划的减排效果最明显——超过 8%。可应用数字化的车辆路线和调度（CVRS）软件来优化多次配送和取件的路径。

① 中国交通运输部科学研究院（CATS），2008 年，“《公路水路交通节能中长期规划纲要》研究”。

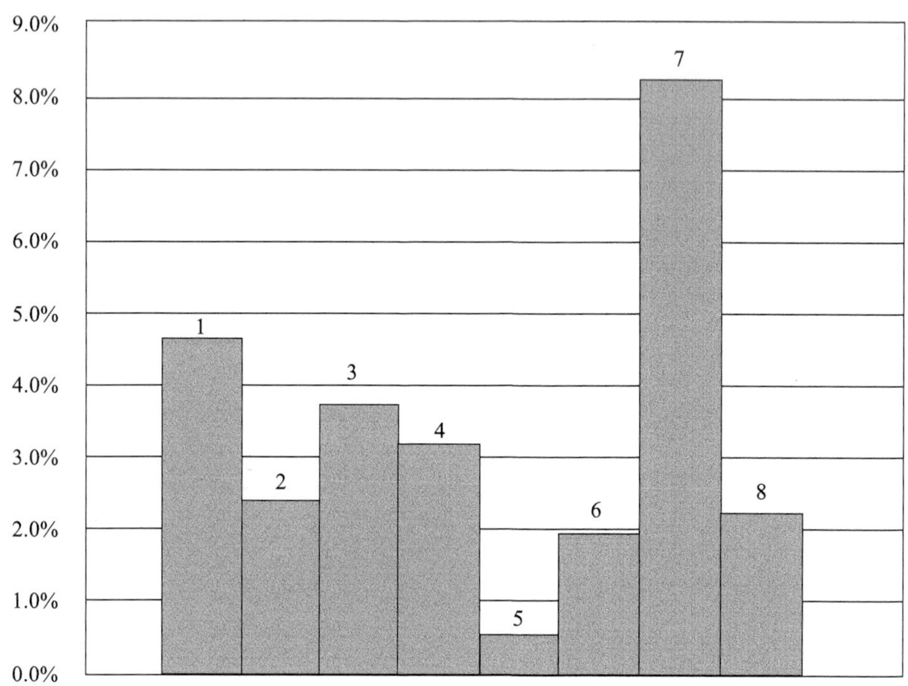

1. 道路组成结构与等级　　2. 燃料组成结构

3. 车辆组成结构　　4. 智能交通技术

5. 可替代燃料　　6. 市场监管

7. 路线规划　　8. 驾驶行为

图 4－2　不同措施下每 100 吨公里货运减少的燃料和二氧化碳排放百分比

来源：亚洲开发银行 TA4877－PRC：《中国公路交通资源优化利用：绿色交通》（亚洲开发银行，2009年）①

① http：//www. adb. org/Documents/Books/Green－Transport/default. asp

5 政策：多式联运货运运输

1990 年，中国 75%的货运量由道路运输的方式承担。2012 年的货运量为 412 亿吨，其中道路运输占 78.2%，水路和铁路运输分别占 11.1%和 9.5%，航空和管道运输占剩下的 0.013%和 1.3%。[①] 在货运周转量（173145.1 亿吨・公里）方面，在计入海运的情况下，水路运输占的比重最大（46.6%），其次是道路运输，占比为 34.7%。[②]

研究表明，与道路运输相比，铁路运输更为节能、碳排放强度更低。铁路货运十分适合大宗商品，如矿山到工厂、港口到配送中心，但不大适合送货上门。由于货运可以转为内河航道运输，因此该方式也适用于重型大宗货物。沿海城市之间大宗商品海运十分普遍。[③] 如国内集装箱、可拆卸货箱、挂车的铁路/道路运输等多式联运服务也可用于更大的市场，包括送货上门服务、包裹等。

因此，从道路货运转为铁路、内河航道运输或海运将是中国降低道路运输业能耗和排放的第三大行动领域，同时多式联运的发展亦可促进这种模式的转换。本章中涉及的政策列于附录 C 的表 C－4 中。发展多式联运需多个有关部门的协作，包括城市规划、基础设施建设、综合交通运输体系发展和交通运输管理。国家发改委和交通运输部及其对应的省级和地方部门是与多

---

① 1990 年以来，道路运输承担了中国大多数的货运量，2012 年的占比为 78.2%，2000 年的占比为 76.5%，1990 年的占比为 74.6%。

② 《中国统计年鉴（2012）》，中国国家统计局。

③ 联合国区域发展中心和亚洲清洁空气中心（CAA），2011.《绿色货运最佳实践——为了实现环境可持续的亚洲道路货运运输》。

式联运关系最为密切的部门。

5.1 货运模式发展比较

道路

1995年以来，中国的道路网络便不断地扩大。截至2012年年末，中国的公路总里程超过了423万千米，公路的密度为每100平方公里44.14公里。相比之下，截至2012年年末，商业铁路总长为9.8万千米，铁路密度为每10000平方公里101.7公里。[①] 内河航道通航里程为12.5万千米，海港泊位为5623个（比2011年增加91个泊位），内河港口生产用码头泊位26239个（比2011年减少197个）。[②] 在缺乏铁轨和内河航道的情况下，道路网络广泛的覆盖率使其成为货运方式第一且唯一选择。

铁路

对利益相关者的采访表明，在道路网络和铁路网络均有覆盖货运路线的情况下，承运人选择货运方式主要考虑因素是成本、时间以及方便程度。

（1）集装箱铁路运输成本高昂、灵活性低。铁路集装箱运输服务并非每日皆有，通常无明确时间表，出发和到达时间十分不确定。此外，一辆货车出发前完全装载可能需要10天，沿途卸载货物也需要时间。

（2）非集装箱铁路快运的速度快，并提供每日服务。但是这类服务的货运规模较小，因此竞争激烈，费用偏高。

（3）与欧洲、美国相比，中国的铁路网络并不发达，负责管理和运营全国铁路系统的前铁道部将优先权给予特有资源货物，如煤、金属矿石和钢铁。这就意味着，承运人要在要求的送货日期内对其他非优先货物采用铁路运输是相当困难的。

---

① 《铁道统计公报（2012）》，中国铁道部。

② 《公路水路交通运输行业发展统计公报（2012）》，交通运输部。

水路

内河航道的货物运输成本一般低于道路运输和铁路输运，但是在路线方面灵活性不足。海运的成本较低，但速度慢，从货车到货船的装卸时间长、并增加了总体运输成本。虽然中国已经提供了快速海运，但市场占有率过低，无法满足承运人的需求。

5.2 政策

最近，国家发改委和交通运输部将重心放在发展多式联运体系上。根据国家发改委和交通运输部的规划，表5－1总结了促进中国多式联运的政策及措施。

表5－1　　多式联运系统的政策及措施

政策/措施	简介	来源
多式联运无缝对接	提高港口、铁路、公路和机场的兼容性 ·标准化并提升不同模式、枢纽和设施的兼容性 ·提高多式联运枢纽的运转能力 ·提高铁路集装箱运输能力 ·国际枢纽一站式物流服务	《物流业调整和振兴规划》(2009年)①
区域多式联运设施网络规划	·区域枢纽规划（港口、配送中心、物流园区） ·线路网络规划（包括内河航道、公路和铁路）	《公路水路交通节能中长期规划纲要》（交通运输部，2008年)②、《物流业调整和振兴规划》(2009年)
多式联运综合信息平台	·综合并分享所有运输模式的信息	《公路水路交通运输节能减排“十二五”规划》(2011年)

① http：//www. gov. cn/zwgk/2009－03/13/content _ 1259194. htm

② http：//www. moc. gov. cn/zizhan/siju/guihuasi/zhanlueyanjiu/fazhanzhanlue/200811/t20081104 _ 533446. html

续 表

政策/措施	简介	来源
引导和规范多式联运市场	·制定多式联运标准，推进集装箱多式联运等先进运输组织方式 ·建立和完善多式联运的技术、服务、管理的标准规范	《交通运输“十二五”发展规划》（2011 年）

来源：《中国绿色货运之路综合设计报告》。http：//cleanairinitiative. org/portal/projects/GreenFreightChinaProgram

5.3 多式联运发展现状

中国的多式联运仍欠发达，非集装箱运输比集装箱运输发展程度更低。集装箱多式联运的三种主要方式为道路—海运、道路—铁路、海运—铁路。①

5.3.1 道路—海运

道路—海运运输是处理进口/出口集装箱的主要方式。道路—海运集装箱集中于东部沿海地区，90%的集装箱运输公司均位于该地区。

5.3.2 道路—铁路

中铁集装箱运输有限责任公司（CRCTC）是专门的铁路集装箱运输运营公司，处于垄断地位。中铁集装箱在 18 个区域铁路总局设立了分公司，并拥有 6 个集装箱办理站。

由于托运人到铁路和铁路到托运人集装箱运输属于非专业性业务，因此中铁集装箱运输有限责任公司根据长期合同将这些业务外包给地方货车运输企业。道路运输距离一般小于 200 千米，在铁路集装箱处理站的运营范围

① 《发展现代物流与提高运输效率政策研究》，交通运输部规划研究院，中国经济出版社，2012 年，第 26 页。

内。但是，在很多地方，货物分类有地方物流企业控制，中铁集装箱在向终端用户销售和营销其业务的过程中遇到了困难。

中铁集装箱使用特定的集装箱铁路货运线路来提高其服务的可靠性和能力。2007年，五定（即定点、定线、定车次、定时、定价）铁路集装箱班列的总运货量超过了100万个标准箱，占铁路集装箱运输总量的28.6％。

5.3.3 海运—铁路

海运—铁路运输的发展较慢。除北京—天津—塘沽、江苏、上海和浙江运营的少数海运—铁路多式联运外，大多数的集装箱运输处于脱节状态，并由不同的关联方逐节负责。港口周边的铁路通营十分稀少，海运—铁路之间的联系亦欠佳。2011年，交通运输部和前铁道部共同发布了《关于加快铁水联运发展的指导意见》，旨在到2015年实现集装箱铁水联运量年均增长20％以上的目标。

目前，货运多式联运发展偏慢的原因如下：

（1）铁路和港口之间的连线总体不足。港口地区铁路连线在欧洲及北美十分普遍，但在中国却十分少有。

（2）中国铁路尚未与国际海运承运人发展集装箱修复或集装箱互换协议。没有此类协议，海运承运人不愿意将自己的集装箱通过铁路发往内陆地区。此外，由于进出口商品的流动不均，铁路集装箱运输中的集装箱回空率相当高。此外，很难与中铁就内陆省份的收费标准和服务内容达成协议。所以，很多海运承运人拒绝将自己的集装箱运往内陆。结果，港口超过80％的进口货物必须从海运集装箱中卸下，然后再装载到不同的中铁集装箱中发往内陆。这极大地提高了总体物流成本和复杂度，降低海运—铁路运输的吸引力。①

---

① 《发展现代物流与提高运输效率政策研究》，交通运输部规划研究院，中国经济出版社，2012，第28－29页。

5.4 挑战与差距

5.4.1 制度挑战

在2013年年初原铁道部划入交通运输部以前，不同交通运输模式由不同部委进行管理。对四种运输模式进行系统性规划需要不同部委之间进行协作，尤其会影响到多式联运衔接设施的规划，因此十分困难。

上海洋山深水港便是一个很好地例子（见图5－1）。洋山深水港位于岛屿上，集装箱吞吐量十分大。该港口与大陆的联系是长达32.5千米的东海大桥。大陆建有铁路货运终端，目的是将来自洋山港的货物运往内陆各地。但是，港口和铁路终端之间没有铁路连接，而货车又无法快速运输大宗货物。

图5－1 上海洋山深水港

5.4.2 政策挑战

目前支持多式联运的政策均为不具法律约束力且不含详细执行措施和时间表的宏观政策。因此，最大的政策挑战便是制定能够真正推进我国多式联运发展的政策。例如，政策制定者需要研究应该实施何种措施以引导和鼓励道路货运到铁路和水路运输的转换。

5.4.3 与国际政策实践之间的差距

多式联运发展战略

在推进和提升多式联运方面，缺乏一系列可行政策和战略是与国际政策实践之间的一个主要差距。首先，必须明确目标及时间安排。最新的《欧盟交通运输白皮书》中设立的目标是，“至2050年，30%超过300千米的道路货运将转换为其他模式，如铁路运输和水路运输，到2050年，这一数据必须超过50%。要实现这些目标，必须贯彻执行一系列的措施。①

（1）例如，德国对道路货运进行收费，从而实现了6%的长途货运周转量向其他替代模式的转换。瑞士出台了道路货运通行方面的一项综合计划，对道路货运进行收费，同样也获得了成功。

（2）英国自1974年起便开始实施货运设施拨款计划，为环境效益更高的铁路货运投资提供资金支持。通过估计从不同级别的道路上减少的“敏感货车英里”，然后将这一英里数乘以每英里环境影响的对应货币价值，从而将环境效益货币化。以这一计算方法得出拨款额度，实际上是在“花钱让货车退出道路体系”（DfT，2009a：55）。

（3）20世纪的很长一段时间，一些发达国家的政府试图对道路运输业的运能进行量化控制，并对其定价，以在不同运输模式的竞争中保护铁路货运的运营。但这些战略收效不佳，很多发达国家在1970—2000年废除了这些战略，放松对货车运输行业的管制。② 而现在，优先权被给予铁路货运运营开放和创造利于铁路与道路进行竞争的商业条件。在欧洲，欧盟和各成员国都表示要努力推进国家间铁路网络铁路货运服务的“系统和部门间的运营能力”，允许铁路在长途货运运输方面更有效地探索自身的比较优势。

最后一英里：货运自行车

多式联运应该延伸至包括代替货车的城市货运交通方式。货运自行车专

---

① McKinnon，AC，Browne，M. 和 Whiteing，A《绿色物流：改善物流的环境可持续发展能力》（第二版），2012年。

② McKinnon（1998），尚无完整参考。

门为运输货物而设计制造，并广泛用于首个/最后1英里范围的连接，为小型企业收集废物或提供日常杂货供应等提供机会。在欧洲，使用自行车运送货物——尤其是非食品产品——被视为一个新的市场，在城市货运中仍占据一个极小的比例。在中国，使用自行车进行大量货运运输有着悠久的历史。因此，在城市发展机动化的背景下，这种运输模式应该保留。

示例：欧洲自行车物流项目

欧洲普及和推广运货自行车最大的项目之一便是CYCLE自行车物流项目。该项目由欧盟提供资金支持，执行时间为2011年5月至2014年，覆盖12个国家。该项目的主要利益相关者便是与欧洲自行车骑士联盟（ECF）建立伙伴关系的地方部门、私营部门、自行车手团体、交流专家和能源机构。为推广这类转变，CYCLE自行车物流将在不同的利益相关者间推动行为转变：

- 告知个人如何使用自行车运输货物
- 在商业方面鼓励使用自行车或货运自行车进行送货，迫使货运业提高自行车在送货中的使用
- 鼓励市政府通过提供系统性基础设施协助自行车通行

CYCLE物流的目标是节约1300吨燃料，从而降低3500吨二氧化碳排放，在欧洲城市区域使用2000辆新的运货自行车，并实现至少1万次多式联运的衔接。[①]

① https://www.bicyclenetwork.com.au/general/policy—and—campaigns/2819/.

6　结论与建议

本章将提出研究的主要结论及建议，分为长期建议和短期建议。每组建议包括问题和挑战、下一步计划以及主要负责部门。

6.1　结论

结论一：亟须提升中国货运，特别是道路货运的效率，降低其对社会和环境产生的负面影响。

2008—2012年，中国货运量及周转量（FTK）分别增长了11.1%和9.4%，均高于GDP的增幅（9.3%）。虽然水运占货运周转量的比例（46.6%）高于道路运输（34.7%），但道路运输效率更为低下，影响也最为显著。中国有3000余种的货车车型。2011年，货车数量已有约1100万辆，分属于约70万个道路货运企业和650万个体经营户，平均每个道路货运运营商仅有1.6辆货车，货车数量超过50辆的运营商仅占2.9%。2011年，在道路运输污染物排放总量中，货车的一氧化碳排放占比36.8%，碳氢化合物占比41.2%，氮氧化物占比59.8%，颗粒物占比76.3%。据报道，超过40%的货车在城际运输过程中存在空载问题，平均装卸时间长达72小时。

结论二：可在中国尝试的有效策略包括：提升卡车和船舶本身的技术与管理水平（改善），优化货运物流系统（避免），以及由单一道路运输转向多式联运、铁路、内河航道和其他交通运输模式（转变）。

（1）“改善”策略——通过技术和管理手段提高车辆和船舶的能源效率。

与卡车相关的节能减排技术包括轮胎轮毂、空气动力学设备、减少怠速的技术、尾气排放控制技术、燃料与原油以及发动机和车辆技术等。对于海运和内河船舶，关键的策略包括使用低硫燃油、排放控制器件、为靠岸船舶提供岸电等。对于空运，主要改进方向为使用其他燃料替代煤油。

（2）“避免”策略——主要通过物流优化来降低道路货物运输需求或缩短运输距离。为道路运输提供的物流解决方案包括使用铰接式卡车（甩挂运输），回程装载，匹配负载，搭建物流信息平台，货运公司之间联手协作以及建立货运集散中心等。类似的策略也可运用于其他的货运模式。城市及运输规划也可成为有效的“避免”策略。

（3）“转变”策略——将货运模式转向能源效率更高并/或更加环保的运输模式，特指将道路货运模式转变为多式联运、铁路、内河航道和海运货物运输。

结论三：现有规划和政策为政府机构和其他利益相关方关注绿色货运提供了明确任务和坚实的基础。

相关度最高的国家总体政策和规划是交通运输部的《交通运输“十二五”发展规划》、国家发展和改革委员会的《“十二五”综合交通运输体系规划》，以及各运输模式的具体发展计划，道路、铁路和水路交通运输环境、能源、减排规划。对于城市货运，交通运输部及其他六个部委向地方政府做出了《关于加强和改进城市配送管理工作的意见》。最为重要的是，中国已经针对四大运输模式：道路、水路、航空和铁路运输设立了能源强度和二氧化碳排放强度的目标，在道路运输方面也提出了客运和货运的子目标。为实现上述目标，政府制定了一系列政策和计划（见表6-1），其中一些已投入试点。

表 6－1　　　　中国支持道路绿色货运发展和减排的政策和规划

卡车（改善）	货运物流（避免）	多式联运及运输模式转变（转变）
机动车燃油经济性，排放标准和燃油标准 ·燃料替代（CNG，LPG，LNG） ·燃油效率和减排技术 ·节能驾驶 ·车辆淘汰机制（强制报废、黄标车淘汰）	·甩挂运输（使用铰接式卡车） ·物流信息平台 ·改善城市配送	·发展多式联运 ·促进铁路—海运联运发展 ·促进水运

结论四：中国已经启动了一些国家和地方层面的绿色货运相关项目。

中国已经在国家和地方层面启动了一些绿色货运项目。2008 年，广州启动了一个小型的绿色卡车试点项目，随后的广东绿色货运示范项目（2011—2015）主要包括卡车技术、甩挂运输和物流信息平台示范等四大方面。国家层面来看，中国绿色货运行动（CGFI）作为国家级项目于 2012 年 4 月发起，旨在提升燃油效率，减少道路运输的二氧化碳和空气污染物排放量。中国绿色货运行动项目的执行机构为：中国道路运输协会（CRTA）、交通运输部公路科学研究院（RIOH）以及亚洲清洁空气中心，由六个相关政府部门（交通运输部牵头，工信部、环保部、发改委、公安部和财政部）组成的指导委员会和专家小组提供指导。行动涵盖三大部分内容，即上文所述的改善—避免—转变策略：绿色卡车技术（改善）以及绿色驾驶（改善），绿色管理（避免/转变），这些策略将通过制定标准、试点、示范和培训首先在道路运输企业中推广。

结论五：必须克服当前政策和制度障碍，实现国家的绿色货运目标。

总体来看，国家的机构设置涵盖多个部门，负责策略、规划和政策的制定。政府部门下属科学和研究机构为其政策制定提供研究支持，同时行业协会搭建政府和企业之间的桥梁。上述管理结构在省级和地方层面的机构设置中也有所体现。从 2005 年开始，13 个政府部门和 2 个行业协会每年召开两次物流工作部际联席会议。

先进卡车技术的应用、管理措施的执行、物流策略以及多式联运等其他交通模式的发展掣肘于诸多制度和政策方面的不足，一定程度上影响了我国实现节能目标、降低排放强度的能力。

主要的制度和政策挑战包括：

(1) 绿色货运涉及多个相关管理部门的职责，各部门职责之间又存在相互冲突，部门间以及下属机构间的协调极为不足；

(2) 政府当局对货运运输的关注度不及对客运运输的关注度高；

(3) 有时缺乏有效地推行政策的配套资金，特别是在基建设施建设方面；

(4) 支持多式联运的政策是宏观层面的，缺乏法律约束力，且缺乏具体落地措施和实施时间表。

这些问题导致了：

(1) 天然气供应相关的基建设施有限，不利于运输公司采用天然气作为替代燃料；

(2) 全挂车、双拖车和汽车列车被禁止进入公路，因此推广工作受到限制；

(3) 铰接式卡车牵引车及挂车类型的标准化对于甩挂运输的运用至关重要，但也不断推迟；

(4) 城市化进程加快，城市货运也成为主要挑战；

(5) 多式联运衔接设施的规划仍有差距，缺乏促进多式联运以及将道路运输转向其他运输模式的发展的具体措施和时间表。

各部门下属的研究机构也面临着相似的挑战，导致了：

(1) 缺乏各运输模式的基础数据，不同研究机构公布的数据之间存在出入；

(2) 由于缺乏扎实的研究，就无法制定稳妥的政策，例如，交通运输部需要强有力的研究结果来证明大型卡车在公路上不会引发道路安全问题，否则无法说服公安部支持大型卡车在中国推广；

(3) 不同研究机构进行的研究分享不畅，导致研究空白或重复工作的问题。

结论六：国外有大量的最佳实践可供中国借鉴，助其制定政策与策略、

弥补差距。

本报告所述最佳实践中与中国最为相关的是：

欧洲柴油机尾气处理液（Adblue）供应和分销网络，用以满足欧四、欧五和欧六机动车污染物排放标准的执行要求，欧洲、美国和其他多个发达国家已经拥有相关网络。

（1）美国国家环境保护局 SmartWay 项目的技术认证体系，该体系涵盖大量卡车相关技术、详细具体的测试方法、推广认证技术的融资机制，并向通过技术认证的企业授予公众认可的认证标志；

（2）英国的节能驾驶计划，包括培训、电子驾驶监测系统和激励计划；

（3）由于成本过高，需考虑机动车强制报废措施的替代方案。例如西雅图港，是否淘汰车辆应以排放测试为准，而非车辆使用年限；

（4）将使用铰接卡车的甩挂运输与其他措施相结合，特别是负载匹配措施（“在线货运信息分享平台”），从而减少空载的情况；

（5）为城市货运设立零售商的货运集散中心，特别是欧洲实践；

（6）小型货运公司联盟，分享资源与优势，共同争取与管理金额较大、利润较高的货运合同；

（7）车队燃油管理，特别是通过路线规划实现；

（8）通过政策激励货运从道路运输转向其他模式，典型案例是欧洲采取卡车道路收费，投资铁路基建和互联网络，以及在城市货运中使用货运自行车等措施。

6.2 对具体政策领域提出建议

下列建议旨在应对现存政策和行动方面的挑战。

6.2.1 货车政策

1. 燃油经济性和排放标准

挑战：车辆燃油经济性和排放标准是公司在减少货车的能源消耗和排放

方面必须遵守的强制性措施。但是，这些标准存在问题：

(1) 交通运输部和工信部颁布了采用不同测试方法和限值的两个平行燃料经济性标准；

(2) 根据两个不同标准检测在用车辆效果难以理想。

建议：

(1) 加强交通运输部与工信部之间的协调，促成燃油经济性标准的政策一致性；

(2) 环保部和交通运输部应调配更多资源，重视监督在用车辆标准的执行情况。

2. 货车技术

挑战：中国车辆节能认证体系和运输节能产品推广目录涵盖的产品和技术十分有限，节能潜力不大。同样，认证体系在企业中的可信度并不高。

建议：通过中国绿色货运行动开展相关测试、试验，颁布节能减排产品和技术目录。在严格的测试流程和方法的基础上建立可信度后，该系列的产品和技术可以涵盖更广的范围。开始阶段可参考美国 SmartWay 的技术认证体系，以及广东绿色货运示范项目的技术示范结果；具体的改善空间请参见货车技术认证章节的内容。

3. 车辆报废机制

挑战：

(1) 强制性车辆报废要求和黄标车淘汰计划带来的问题是大量报废货车的处置去向；

(2) 随着新制造卡车环保性能的提高，以年限为标准执行车辆强制报废将使得性能仍然保持较好的卡车遭到淘汰，造成大量浪费。

建议：

(1) 发起有关报废卡车处置的研究，防止非法处置，其中包括机动车报废机制的成本效益分析（将车辆使用寿命能源使用和排放纳入考虑），同时与其他绿色货运行动比较每吨减排的成本。

（2）在考虑卡车清洁性能提高的基础上，新评估是否使用年限作为卡车报废的标准，考虑使用排放测试结果作为替代标准。

6.2.2 货运物流

1. 甩挂运输（铰接卡车）

挑战：作为降低空载主要措施的甩挂运输在实施过程中遇到了一些问题。主要问题之一就是不同货运公司之间牵引车和挂车不兼容，另一个问题就是关于使用其他公司的牵引车运输过程中产生的货物丢失问题由何人负责在法律上并未明确。

建议：

（1）通过修正 GB 1589—2004 来解决牵引车和挂车不兼容的问题；

（2）通过法律法规明确甩挂运输实践中货物丢失的责任承担方。

2. 为小型货运承运人提供支持

挑战：大多数道路货运企业均为小型企业，这些企业在获得合同和参与甩挂运输方面很难与大规模的货运公司相竞争。

建议：通过建立小型货运企业联盟使小型公司在获得合同和参与使用铰接卡车的甩挂运输实践方面与大公司竞争。

3. 路线规划

挑战：路线规划是节约燃料的主要车队管理战略，但是其在中国的实施十分有限。

建议：通过激励方案推行由计算机控制的路线规划软件，从而降低有着多条取件和配送路线的承运人的燃料消耗。（注意：很多小型运营商认为购买并安装该软件的成本偏高）

4. 城市货物配送

挑战：城市货运配送是超大城市面临的一个新问题，特别是满足在线购物快递等城市新经济的需求方面。

建议：

（1）目前共有13个相关部门涉及物流管理，必须建立部门协作机制，例如通过成立工作组等方式；

（2）北京等超大城市限制货车行驶时间影响了货车和城市配送的效率。建议取消绿色货车（依据中国绿色货运行动制定的绿色货车标准）在超大城市中的准入限制，但保留对其他车辆的限制；

（3）回顾目前政府实施和管理的物流集散中心实践可以发现，在美国和欧洲，大多数成功的集散中心均由大型零售商建立，这些零售商将自己的物流管理延伸回供应链，并与城市中心的店主进行合作，进一步优化城市货运集散中心；

（4）研究和学习欧洲和日本在城市货运管理方面的经验，如何对取送点网络进行部署，并考虑将这些经验运用到中国的实际情况中。取送点网络部署升级十分有效，能够优化在线购物快递上门服务，防止住宅区出现过多的货车往返。

6.2.3 发展多式联运

挑战：要实现道路货运向铁路和水路运输方式的转变，铁路和水路交通必须能够满足承运人的需求，特别是在成本、时间和可用性方面。目前的情况是，道路网络的城市覆盖面远远大于铁路和内河航道网络，而铁路和内河航道网络无法满足承运人的需求。

建议：

（1）扩大铁路和内河航道网络需要中央和地方政府在城市规划、土地审批、基础设施（铁路、内河航道、多式联运枢纽）建设方面进行良好的协作；

（2）新成立的中国铁路总公司应探索如何推进铁路货运服务，向民营企业开放铁路市场。英美两国的经验显示，开放铁路市场提高了铁路在货运中的市场份额。

6.3　系统性建议

系统性建议旨在实现绿色货运的长期可持续发展，应对系统性制度和政策挑战。这些建议包括以下四个方面：部门协调、研究所协调、企业的参与以及为改善政策制定和贯彻借鉴国际经验的渠道。

6.3.1　机构协调机制

挑战：货车管理、货运物流和多式联运涉及多个部门，由此导致了多方面的政策和制度挑战（见结论部分）。

建议：

（1）通过中国绿色货运行动指导委员会（由交通运输部牵头，工信部、环境保护部、国家发改委、公安部和财政部共同组成）加强各部门之间的合作；

（2）首先应对上述政策挑战；

（3）对中国绿色货运发展的长期方向作出长远决策。

6.3.2　研究所协调网络

挑战：如结论部分所述，缺乏数据、切实的研究和各部门之间的研究共享导致了数据设定得不一致，对政策制定造成了不利影响。

建议：

（1）建立货运相关主要研究所之间的协调网络，建议将下列研究所覆盖在内：交通运输部科学研究院、交通运输部公路科学研究院、交通运输部规划研究院、中国交通运输部水运科学研究院、中国汽车技术研究中心、环境保护部机动车排污监控中心、国家发改委综合运输研究所，并采用轮席制度，完成下列主要活动：

（2）汇编现有研究结果并建立货运研究数据库；

（3）收集四种主要交通运输模式的基本数据和统计，并将这些数据整合入数据库；

（4）对现有的与绿色货运相关的试点项目和示范项目进行分析，吸取经验和教训，并将结果整合入数据库；

（5）明确优先研究领域、整合资源开展合作进行深入研究，为绿色货运政策的制定和评估提供支持。

6.3.3 加强企业参与

挑战：目前主要是政府部门和研究所在制定货运方面展开合作，企业的参与十分有限。但货运行业，尤其是道路货运行业，却由极其分散的私营企业主导。加强企业的参与能够帮助政府部门了解行业状况和需求，从而更好地制定基于需求的政策，吸引企业关注，优化政策贯彻。

建议：允许行业协会发挥更大的作用，为政府了解企业的需求建立渠道。建议允许行业协会特别是下述机构发挥更加积极的作用：

（1）中国道路运输协会：中国道路运输协会目前是中国绿色行动在执行方面的领导部门，也是道路货运企业参与的良好渠道；

（2）中国交通运输协会：中国交通运输协会与涉及中国五大运输模式的企业建立了联系；

（3）亚洲绿色货运组织：该组织为企业间协会，包括亚洲范围内的托运人、承运人及物流服务供应商，其大多数成员均在中国开展业务。

6.3.4 国际经验借鉴渠道

挑战：中国绿色货运发展尚处初级阶段，亟须动力来实现快速发展以应对中国货运行业在能效、燃料和排放方面的挑战。中国可以向其他许多国家借鉴经验，这些国家曾经实行了有关绿色货运的国家项目，如美国、加拿大、欧洲、韩国；中国亦可借鉴货车技术和管理、物流战略、多式联运和货运方式转变（见结论部分）等方面的最佳实践。

建议：建议在借鉴国际经验方面使用下列渠道：

（1）由美国国家环境保护局、世界银行、能源基金会、亚洲清洁空气中心等领先机构的国际专家组成的中国绿色货运行动专家小组；

（2）亚洲绿色货运组织：其多家成员公司在减排和提高能源效率方面处于世界领先水平，可分享最佳实践经验；

（3）每年可在中国绿色货运行动年度研讨会后举行一次学习、分享国际经验的专项研讨会。

附录 A　部分有关卡车技术的最新研究

1.《货车产业的绿色挑战：逆风而行抑或竞争优势?》，普华永道，2008 年。

2.《重型汽车低碳技术：2010 低碳汽车技术竞赛优胜者》，低碳汽车伙伴，2010 年。

3.《降低和测试重型汽车温室气体排放——第一弹：战略》，2011 年，英国 Recardo－AEA 公司。

4.《欧盟降低重型车辆温室气体排放的潜力》，2011 年，Law K.，Jackson M.，Chan M.，TIAX 技术研发公司。

5.《重型货车温室气体减排》，Faber Maunsell，2008 年。

6.《路线图及技术白皮书》，21 世纪卡车合作关系，2006 年。

附录B　专家及利益相关者名录

咨询和访问的专家及利益相关者名录

序号	名字	职务	单位名称
1	王丽梅	秘书长	中国道路运输协会
2	谭小平	所长	交通运输部规划研究院战略与政策研究所
3	汤大纲	主任	环境保护部机动车排污监控中心
4	唐辉	副主任	交通运输部公路科学研究院交通物流工程研究中心
5	赵成峰	副会长	浙江供应链协会
6	李连成	主任	国家发改委综合运输研究所
7	王杨坤	博士	国家发改委综合运输研究所
8	张光合	主任	中国道路运输协会
9	阳冬波	博士	交通运输部公路科学研究院汽车运输技术研究中心
10	陈凌青	副主任	广东省交通运输厅绿色货运示范项目管理办公室
11	程国辉	副主任	广东省交通运输厅绿色货运示范项目管理办公室
12	苏军	项目主任	广东省交通运输厅绿色货运示范项目管理办公室
13	曹鹏	交通运输高级经理	中外运久凌储运有限公司
14	姜在先	副总经理	中国重型汽车集团有限公司
15	邵思东	总经理	潍柴动力西港（潍坊）新能源发动机有限公司
16	彭立新	技术总监	康明斯（中国）投资有限公司
17	洪云	管理和认证经理	康明斯（中国）投资有限公司

续　表

序号	名字	职务	单位名称
18	Robert Frederick Veit	执行副总裁	戴姆勒东北亚投资有限公司，梅赛德斯-奔驰（中国有限公司）
19	梁国军	工程师	青岛中集特种冷藏设备有限公司
20	芦伟	CEO 助理	广东林安物流发展有限公司
21	佘伟珍	副处长	工信部装备工业司
22	林坦	货运物流处	交通运输部道路运输司
23	黄志辉	大气与噪声污染防治处	环境保护部污染防治司
24	崔建祥	副主任	环境保护部机动车排污监控中心
25	王杨坤	博士	国家发改委综合运输研究所
26	李忠奎	总工程师	交通运输部科学研究院
27	金约夫	副总工程师	中国汽车技术研究中心
28	龚慧明	交通项目主任	能源基金会
29	何墨池	中国战略中心执行董事	斯堪尼亚
30	刘晶菁	卡车市场营销部门	戴姆勒东北亚投资有限公司
31	Laetitia Dablanc	研究主任	东巴黎（联合）大学，法国交通运输、发展与网络科技研究所
32	Anne Goodchild	副教授	华盛顿大学
33	Alan McKinnon	教授、后勤处处长和系主任	德国 Kühne 物流大学

附录C 政策、法律、法规和标准列表

表C-1 重要政策

序号	政策名称	颁布日期	实施日期/周期	颁布机构	简介
1	《公路水路交通中长期科技发展规划纲要》(2006—2020年)	2005-09-21	2006—2020	交通运输部	本发展规划涵盖了六个重点领域,它们分别是:智能化数字交通管理技术、特殊自然环境下工程建养技术、一体化运输技术、交通科学决策支持技术、交通安全保障技术和绿色交通技术
2	《公路水路交通节能中长期规划纲要》(交规划发〔2008〕331号)	2008-09-23	2005—2020	交通运输部	本规划纲要规划范围为公路水路交通行业,以2005年为基期,2015年和2020年为目标年,确定了中长期交通节能的总体目标和主要任务,提出了近期重点工程和保障措施
3	《建设低碳交通运输体系指导意见》(交政法发〔2011〕53号)	2011-02-21	2011—2020	交通运输部	本指导意见是关于建设低碳交通运输体系,旨在加快发展现代交通运输业,切实推进行业结构调整、转变发展方式,推动交通运输业的节能减排

续 表

序号	政策名称	颁布日期	实施日期/周期	颁布机构	简介
4	《中国民用航空发展第十二个五年规划》	2011-04-07	2011—2015	中国民用航空局	本规划为中国民用航空业的发展制定发展战略，明确主要目标，确定重点任务，是行业发展的纲领性文件
5	《交通运输“十二五”发展规划》	2011-04-13	2011—2015	交通运输部	本规划包含了综合运输、公路交通、水路交通、民用航空、邮政服务以及城市客运管理等方面，提出了交通运输发展的行动纲领，对“十二五”时期交通运输发展具有重要的指导意义
6	《公路水路交通运输信息化“十二五”发展规划》	2011-04-27	2011—2015	交通运输部	该规划是《交通运输“十二五”发展规划》的重要组成部分，对公路水路交通安全应急、出行服务、市场监管、决策支持等方面的信息化发展具有重要的指导意义
7	《公路水路交通运输“十二五”科技发展规划》	2011-06-07	2011—2015	交通运输部	本规划是上一个同名五年规划的延续，旨在进一步鼓励自主创新，并推动中国交通运输业的科技突破
8	《公路水路交通运输节能减排“十二五”规划》	2011-06-27	2011—2015	交通运输部	本规划为进一步深化交通运输行业节能减排工作，积极发展低碳交通运输体系，加快转变交通运输发展方式发挥重要的基础指导性作用
9	《铁路“十二五”发展规划》(铁计〔2011〕80号)	2011-07-01	2011—2015	铁道部	本规划明确了铁路发展的主要目标、重点任务和政策措施，是“十二五“期间铁路发展的指导性文件
10	《道路运输业“十二五”发展规划纲要》	2011-10-20	2011—2015	交通运输部	该规划旨在推进现代化道路运输业发展

续 表

序号	政策名称	颁布日期	实施日期/周期	颁布机构	简介
11	《公路水路交通运输环境保护"十二五"发展规划》	2012-01-13	2011—2015	交通运输部	本规划明确了"十二五"期公路水路交通运输环境保护工作的发展目标和主要任务，对交通运输污染防治、生态保护、资源节约、环保管理和科研等领域进行了统筹规划，并提出了保障规划实施的政策措施
12	《"十二五"综合交通运输体系规划》(国发〔2012〕18号)	2012-07-23	2011—2015	国家发改委	本规划明确了综合交通运输体系的总体目标、主要任务及政策措施

表C-2　　货车相关政策措施

序号	政策名称	颁布日期	实施日期/周期	颁布机构	简介
1	《汽车维护、检测、诊断技术规范》(GB/T 18344—2001)	2001-03-26	2001-12-11	国家质量监督检验检疫总局	本规范是早期文件(标准编号为JT/T 201—1995)的改进版本，为汽车检测、维护、诊断设定了新的实践标准
2	《轻型汽车污染物排放限值及测量方法(中国Ⅲ、Ⅳ阶段)》(GB 18352.3—2005)	2005-04-15	2007-07-01	环境保护部、国家质量监督检验检疫总局	本标准规定了在中国Ⅲ和Ⅳ阶段轻型汽车型式核准的要求，生产一致性和在用车符合性的检查与判定方法。本标准也规定了燃用液化石油气或天然气轻型汽车的特殊要求。本标准适用于点燃式发动机或压燃式发动机为动力、最大设计车速大于或等于50km/h的轻型汽车

续 表

序号	政策名称	颁布日期	实施日期/周期	颁布机构	简介
3	《车用压燃式、气体燃料点燃式发动机与汽车排气污染物排放限值及测量方法(中国Ⅲ、Ⅳ、Ⅴ阶段)》(GB 17691—2005)	2005-05-30	2007-01-01	环境保护部、国家质量监督检验检疫总局	本标准规定了在中国Ⅲ、Ⅳ、Ⅴ阶段汽车的排气污染物的排放限值及测试方法
4	《轻型商用车辆燃料消耗量限值》(GB 20997—2007)	2007-07-19	2008-02-01	国家质量监督检验检疫总局	本标准不仅规定了不同总质量和发动机的轻型商用车燃料消耗量的限制，也提出了测量和记录二氧化碳排放量的要求，为以后控制二氧化碳排放提供了基础数据 本标准是我国第一个控制轻型商用车燃料消耗量的强制性国家标准
5	《轻型汽车燃料消耗量试验方法》(GB/T 19233—2008)	2008-02-03	2008-08-01	国家质量监督检验检疫总局	本标准规范了轻型商用车燃料消耗量的试验方法，适用于最大设计速度超过 50km/h 的 M1 和 N1 类车辆和最大设计总质量不超过 3500kg 的 M2 类车辆
6	《重型车用汽油发动机与汽车排气污染物排放限值及测量方法(中国Ⅲ、Ⅳ阶段)》(GB 14762—2008)	2008-04-02	2009-07-01	环境保护部、国家质量监督检验检疫总局	本标准规定了在中国Ⅲ阶段重型车用汽油发动机排气污染物排放限值及测量方法、车载诊断(OBD)系统的技术要求及试验方法。本标准规定了在中国Ⅲ和Ⅳ阶段装用重型汽车式污染物排放核准的要求，生产一致性和在用车符合性的检查与判定方法
7	《营运货车燃料消耗量限值及测量方法》(JT 719—2008)	2008-06-05	2008-09-01	交通运输部	本标准规定了营运货车燃料消耗量限值及测量方法，适用于燃用柴油或汽油、最大总质量为 3500kg～49000kg 的营运货车

续 表

序号	政策名称	颁布日期	实施日期/周期	颁布机构	简介
8	《道路运输车辆燃料消耗量检测和监督管理办法》	2009-06-26	2009-11-01	交通运输部	本办法旨在加强道路运输车辆节能方面的管理,适用于道路运输车辆燃料消耗量的检测、监督和管理
9	《汽车产业发展政策》(2009年修订)	2009-08-15	2009-09-01	工信部、国家发改委	本政策旨在推进汽车产业结构升级和调整,全面提高汽车产业国际竞争力,促进汽车产业健康发展
10	《轮胎产业政策》	2010-09-15	2010-09-15	工信部	本政策旨在规范轮胎行业发展,防止低水平重复建设,提高资源综合利用效率,促进包括使用子午线轮胎在内的轮胎行业技术进步和结构升级
11	《交通运输节能减排专项资金管理暂行办法》	2011-06-20	2011-06-20	交通运输部、财政部	本办法旨在加强交通运输节能减排专项资金管理,提高资金使用效益,促进交通运输节能减排工作的顺利开展,加大资金回笼,推进交通运输节能减排工作的发展
12	《重型商用车辆燃料消耗量测量方法》(GB 27840—2011)	2011-12-30	2012-01-01	工信部	本标准是我国第一个控制重型商用车燃料消耗量的强制性重要标准。本标准将加强车辆节能管理标准体系,并推动重型商用车辆节能技术的发展
13	《重型商用车辆燃料消耗量限值》(QC/T 924—2011)	2011-12-31	2012-07-01	工信部	本标准规定了重型商用车辆燃料消耗量限值,适用于燃用柴油或汽油、最大总质量超过3500kg的营运货车,包括挂车、半挂车和客车。本标准也对燃料消耗量设定了总体要求

续 表

序号	政策名称	颁布日期	实施日期/周期	颁布机构	简介
14	《关于实施重型商用车辆燃料消耗量管理的通知》	2012-1-6	2012-2-1	工信部；交通运输部	本标准是中国第一个单独起草的重要节能标准。该标准的颁布和执行对提升中国汽车产业能源管理具有重要意义，为重型商用车燃料消耗量标准体系管理做出了明确指示，推进了重型商用车辆节能技术发展，推动了我国节能工作
15	《国务院关于印发节能与新能源汽车产业发展规划（2012—2020年）的通知》（国发〔2012〕22号）	2012-06-28	2012-2020	国务院	本规划的规划期为2012—2020年，旨在贯彻执行国务院在发展战略性新兴产业、加强节能减排、加快巩固和发展节能与新能源汽车方面的决议和安排

表C-3　与道路运输活动及物流管理相关的政策

序号	政策名称	颁布日期	实施日期	颁布机构	简介
1	《中华人民共和国公路法》（2004年修正）	1997-07-03（第一版） 2004-8-28（修正）	2004-08-28	全国人民代表大会常务委员会	制定本法旨在加强公路的建设和管理，促进公路事业的发展，适应社会主义现代化建设和人民生活的需要。本法适用于在中华人民共和国境内从事公路的规划、建设、养护、经营、使用和管理。本法旨在加强高速公路的建设和管理，促进高速公路业务的发展。本法适用于高速公路的规划、建设、保护、养护、使用和管理

续 表

序号	政策名称	颁布日期	实施日期	颁布机构	简介
2	《道路车辆外廓尺寸、轴荷及质量限值》(GB 1589—2004)	2004-04-01	2004-10-01	国家质量监督检验检疫总局、中国国家标准化管理委员会	本标准规定了汽车、挂车及汽车列车的外廓尺寸、轴荷及质量的限值。本标准适用于在道路上使用的汽车(最大设计总质量超过26000kg的汽车起重机除外)、挂车及汽车列车。本标准规定了道路车辆的外廓尺寸、轴荷及质量限值,适用于汽车(质量超过26000kg的汽车起重机除外)、挂车及挂车列车
3	《中华人民共和国道路运输条例》(国务院令第406号)	2004-04-30	2004-07-01	国务院	为在维护道路运输市场秩序,保障道路运输安全,保护道路运输有关各方当事人的合法权益,促进道路运输业的健康发展,制定本条例。本条例旨在维护道路运输市场的秩序,保证道路运输安全,保护各相关利益方的合法权益,促进道路运输业的健康发展
4	《道路危险货物运输管理规定》	2005-06-03(第一版),2013-01-23(修正版)	2005-08-01(第一版),2013-07-01(修正版)	交通运输部	为规范道路危险货物运输市场秩序,保障人民生命财产安全,保护环境,维护道路危险货物运输各方当事人的合法权益,制定本规定。本规定旨在规范道路危险货物运输市场秩序,以保障人民生命财产安全,保护环境,维护道路危险货物运输各方当事人的合法权益
5	《机动车登记规定》(公安部令第102号)	2008-04-21	2008-10-01	公安部	本规定对机动车登记的具体业务范围和办理条件作出了规定

续 表

序号	政策名称	颁布日期	实施日期	颁布机构	简介
6	《物流业调整和振兴规划》(国发〔2009〕8号)	2009-03-10	2009-03-10	国务院	制定实施物流业调整和振兴规划不仅是促进物流业自身发展和产业调整升级的需要,也是服务和支撑其他产业的调整与发展、扩大消费和吸收就业的需要,对于促进产业结构调整、转变经济发展方式和增强国民经济竞争力具有重要意义
7	《关于促进甩挂运输发展的通知》	2009-12-31	2009-12-31	交通运输部,国家发改委,公安部,海关总署,保监会	发展甩挂运输对于降低物流成本,推动现代物流和综合运输发展,促进节能减排,提升经济运行整体质量具有重要意义。本通知废除了阻碍甩挂运输发展的条目及内容
8	《甩挂运输试点工作实施方案》(交运发〔2010〕562号)	2010-10-18	2010-10-18	交通运输部,国家发改委	发展甩挂运输将逐步扩大甩挂运输的范围和规模,为发展现代物流业、实现国家节能减排目标做出积极贡献
9	《公路甩挂运输试点专项资金管理暂行办法》	2012-04-06	2012-04-06	交通运输部、财政部	本办法规定了公路甩挂运输专项基金的管理并拉动了试点的交通运输。本办法旨在加强公路甩挂运输试点专项资金管理,加大资金回笼,并促进甩挂运输试点项目的发展
10	《关于加强和改进城市配送管理工作的意见》(交运发〔2013〕138号)	2013-02-26	2013-02-26	交通运输部,公安部,国家发改委,工信部,住房和城乡建设部,财政部,国家邮政局	本意见的接收方为七部委的对应地方机构,指导如何加强和推进地方城市配送管理

表 C-4　　多式联运相关政策措施

序号	政策名称	颁布日期	实施日期/周期	颁布机构	简介
1	《物流业调整和振兴规划》(国发〔2009〕8号)	2009-03-10	2009-03-10	国务院	制定实施物流业调整和振兴规划不仅是促进物流业自身发展和产业调整升级的需要,也是服务和支撑其他产业的调整与发展、扩大消费和吸收就业的需要,对于促进产业结构调整、转变经济发展方式和增强国民经济竞争力具有重要意义
2	《铁路"十二五"物流发展规划》	2011-11-22	2011-11-22	铁道部	本规划阐明了铁路"十二五"物流发展的思路、目标和重点任务,是指导铁路物流发展、规范物流市场的重要依据

附录 D　缩略词表

ADB	亚洲开发银行
AQSIQ	国家质量监督检验检疫总局
CAAC	中国民用航空局
CATARC	中国汽车技术研究中心
CATS	中国交通运输部科学研究院
CCPCC	中国交通产品认证中心
CCS	中国船级社
CCTA	中国交通运输协会
CECP	中国节能产品认证中心
CFLP	中国物流与采购联合会
CGFI	中国绿色货运行动
CNG	压缩天然气
CNPC	中国石油天然气集团公司
CO	一氧化碳
CO_2	二氧化碳
CRCTC	中铁集装箱运输有限责任公司
CRTA	中国道路运输协会
CVRS	车辆路线和调度计算机化
DMV	机动车管理局
DOC	柴油氧化催化剂
DPF	柴油微粒过滤器
ECF	欧洲自行车联盟
EGR	尾气再循环
EPA	（美国国家）环境保护局

续　表

EPC	合同能源管理
ESCOs	能源服务业
FTK	货运周转量/吨公里
FYP	五年计划
GAC	中国海关总署
GDP	国内生产总值
GEF	全球环境基金
GEPB	广州市环境保护局
GFA	亚洲绿色货运组织
GHG	温室气体
GPS	全球定位系统
GQTS	广州市质量技术监督局
GTC	广州市交通委员会
GTMB	广州市交通运输管理局
GVW	最大设计总质量
HC	碳氢化合物
HDVs	重型车
HEVs	混合动力车
I&M	检查与维护
ICT	中国国家发改委综合运输研究所
LCCC	伦敦建筑集散中心
LNG	液化天然气
LPG	液化石油气
LRR	低滚动阻力
MEP	中华人民共和国环境保护部
MIIT	中华人民共和国工业和信息化部
MOC	中华人民共和国商务部
MOF	中华人民共和国财政部
MOHURD	中华人民共和国住房和城乡建设部
MOR	中华人民共和国铁道部
MOT	中华人民共和国交通运输部

续　表

MPG	每加仑行驶英里数
MPS	中华人民共和国公安部
NDRC	中华人民共和国国家发展和改革委员会
NO_x	氮氧化物
PM	颗粒物
RFID	无线电频率识别标签
RIOH	中国交通运输部公路科学研究院
RTG	轮胎式龙门吊
SAC	中国国家标准化管理委员会
SAIC	中华人民共和国国家工商行政管理总局
SAT	中华人民共和国国家税务总局
SCR	选择性催化还原
SINOPEC	中国石化
TPRI	中国交通运输部规划研究院
VECC	中国环境保护部机动车排污监控中心
VKT	行车公里数
WTI	中国交通运输部水运科学研究院